Place de la Sorbonne

PARIS
SORBONNE
UNIVERSITÉ

IUFM
PARIS

AGENCE
UNIVERSITAIRE
DE LA FRANCOPHONIE
50e

GUDRUN VON MALTZAN, *Le poisson de Schloß Grubenhagen*,
Mecklenburg 2003, 35 x 76 cm, crayon sur papier

POUR TOUTE CORRESPONDANCE

Place de la Sorbonne - Revue internationale de poésie
29, rue Boursault 75017 Paris
pls@edrelief.fr

Les manuscrits adressés à la rédaction
ne seront pas restitués

REVUE PUBLIÉE AVEC LE SOUTIEN

des services culturels
de l'I.U.F.M. de l'Académie de Paris
et de l'université Paris-Sorbonne

et le concours de l'Agence universitaire de la francophonie

ISBN : 978-2-35904-017-3

ÉDITIONS DU RELIEF
6, rue Foucault, 75116 Paris, France
info@edrelief.fr

COMMANDES : VILO DIFFUSION
116, rue de la Tour, 75016 Paris
tél. 01 45 77 08 05 - fax : 01 45 75 72 12

PLACE DE LA SORBONNE

REVUE INTERNATIONALE
DE POÉSIE DE PARIS SORBONNE

1

éditions du relief
mars MMXI

TABLE DES MATIÈRES

ÉDITORIAL

Une nouvelle revue de poésie contemporaine voit le jour, *Place de la Sorbonne*. Revue de la création poétique vivante, c'est également la revue de Paris-Sorbonne/Paris IV. Un parrainage aussi prestigieux lui fait obligation de se placer d'emblée à un niveau convenable d'exigence. Ce premier numéro s'efforce d'y atteindre.

Portant les couleurs de la Sorbonne, *PLS* ne saurait être l'expression d'un seul courant de la poésie actuelle, encore moins d'une chapelle, et voilà donc sa première particularité : une revue qui s'attache à offrir aux lecteurs ce qu'il y a de meilleur parmi les diverses esthétiques et les différentes sensibilités représentées sur la scène poétique contemporaine.

Elle a aussi une vocation internationale. D'abord parce que chaque livraison présentera des textes de poètes étrangers, dans leur langue originale et en traduction, et ces poètes seront du monde entier ; mais la revue cherchera également à toucher des lecteurs bien au-delà des frontières françaises : nul doute que ce mot de *Sorbonne* lui ouvrira bien des portes à l'étranger.

Or justement, le trait le plus original de *PLS* sera sa dimension universitaire. Elle proposera donc, non seulement un panorama de la poésie vivante, mais aussi un éclairage sur cette poésie. Elle voudrait être en effet un outil de découverte et de travail entre les mains de celles et de ceux – étudiants, enseignants, dans l'Hexagone et partout ailleurs – qui sont appelés à lire, étudier et faire découvrir à leur tour la poésie d'aujourd'hui dans sa grande diversité et son extrême vitalité. Tel est le cadre de plusieurs des rubriques que le lecteur retrouvera au fil des livraisons.

À commencer par la première, « L'invité ». Un bon connaisseur de la poésie contemporaine, universitaire ou pas, y donne son point de vue sur tel ou tel aspect de la production poétique contemporaine. À tout seigneur, tout honneur : notre premier invité est Georges Molinié, président de Paris-Sorbonne et excellent spécialiste de la poésie actuelle.

« Poésie contemporaine de langue française » : c'est le titre de la section qui accueille des textes inédits de poètes reconnus, mais aussi de poètes peu ou pas publiés, la revue ayant aussi vocation à découvrir, et à faire découvrir, de nouveaux talents. On lira à la fin de cette section, pour chacun des poètes y figurant, une brève notice bio-bibliographique, ainsi qu'une note de caractérisation des textes publiés. Des poètes de tout premier plan ont confié des inédits à *PLS* pour son tout premier numéro : Jacques Roubaud, Esther Tellermann, William Cliff, Antoine Emaz, d'autres encore. Qu'ils veuillent bien trouver ici l'expression de notre gratitude.

« Langues du monde » offre des textes de poètes étrangers, dans leur langue originale, suivis de leur traduction en français. Eux aussi sont accompagnés de la double note.

Placés au milieu du volume, les « Contrepoints » y ménagent une manière de respiration. On demande à certains poètes de se prêter à un exercice d'écriture contraint, par exemple parodique. Pour cette première fois, ce sont les membres du comité de rédaction de la revue qui s'y sont essayés. On y trouvera aussi des œuvres plastiques, des photographies, des jeux typographiques, etc. On découvrira ici des dessins de la plasticienne Gudrun von Maltzan.

Sous la rubrique « Vis-à-vis », on lira des poèmes d'un auteur contemporain, chacun de ces textes étant suivi, en regard, d'un commentaire proposé par une ou un spécialiste de cet auteur.

Dans la section « Confrontations », la revue invite des poètes ou des spécialistes à s'exprimer, au besoin de façon contradictoire, sur une question présente dans le champ de la poésie d'aujourd'hui, ou encore sur un auteur. Cette première livraison propose ainsi une interrogation sur le rapport de la poésie actuelle au sens.

« Comptes rendus, sites Internet ». Les comptes rendus portent sur des livres de poésie récents, mais aussi sur des ouvrages ou des numéros de revues ayant la poésie pour objet. Certains disques pourront donner lieu à recension. La rubrique comporte également la présentation de sites Internet consacrés à la poésie contemporaine.

Place de la Sorbonne paraîtra annuellement. Nous nous efforcerons d'en faire une revue incontournable de la création poétique sans frontières.

LAURENT FOURCAUT

L'INVITÉ

POUR LA POÉSIE

Quand les initiateurs[1] de ce magnifique et courageux projet sous l'invocation de *Place de la Sorbonne* sont venus m'en proposer le dessein et le dessin, en même temps que l'ouverture, j'ai été rempli à la fois de joie, d'enthousiasme et de crainte. Les tremblements sont inévitables à chaque promesse de naissance.

Puisque, de poésie, je suis seulement un amateur, un critique et un enseignant, un théoricien aussi, et même un prêcheur pour le moins impénitent, je voudrais, de cette tribune généreusement et imprudemment offerte, expliquer, non pas ce que c'est, ce qu'a été, ce que pourrait être ou ne pas être, la poésie ou de la poésie en ce début du XXIe siècle (nous sommes si nombreuses à ne cesser d'en tenter la présentation, de Bonnefoy à Deguy), mais, plus humblement, dire pourquoi, en ces temps et en ces lieux, à la suite des grands séismes culturels qui n'arrêtent pas, depuis celui d'Auschwitz jusqu'aux écroulements économiques et à l'explosion des fondamentalismes, de marquer fracassamment soixante-dix années de traversée de notre modernité, ici, à la Sorbonne, relique et résistance face au maelström des barbaries anti-humanistes, anti-intellectuelles et anti-artistiques dont les coups de butoirs si brutalement et sans relâche nous assaillent, sous les mille faces de leur mépris, de leur morgue et de leur fatuité — pourquoi, donc, aujourd'hui et en cette place, pavoiser la poésie.

C'est que la poésie, c'est du langage, c'est une forme de langage ; or, sans doute la vocation fondamentale de toute université (en tout cas de la nôtre) consiste-t-elle prioritairement à faire réfléchir sur les langages, sous toutes leurs espèces, à travers des déterminations et des matériaux sémiotiques divers, ainsi que des motivations et des fonctionnalités sectorielles diverses, c'est-à-dire sur toutes les procédures sociales selon quoi les groupes humains, dans les espaces, les histoires et les cultures, ont tenté d'apprivoiser leurs extériorités ou leurs altérités respectives, leurs subjectivités, individuelles ou collectives. Quand je dis qu'un langage, une sémiose, c'est principiellement cet acte d'apprivoisement, je retrouve la pensée benjaminienne, dans l'*Essai sur l'origine du langage*, de la proximité progressivement et activement constitutive, pour chacune et pour chacun, du sens. Pour parler de nous, Rimbaud, c'est d'abord du français.

Partant de ce point de vue, on a une double raison d'emphatiser, très précisément dans cette instance, ou, plus exactement, dans l'instance ainsi conçue et produite, la question de la poésie : on réfléchit sur le langage, à la fois comme langage poétique, au même titre qu'il y a, *sans métaphore*, mais pas à n'importe quel prix lexical ou argumentatif, un langage musical, ou pictural, ou chorégraphique, ou cinématographique… et en tant que ce langage poétique, relevant du fonctionnement général de tout langage, de toute sémiose, nous aide, en choc en retour, à mieux comprendre justement le fonctionnement de tout langage en général. Ajoutons une troisième raison, qui tient au caractère verbal, linguistique, du langage poétique : c'est que, couplée à l'articulation du double mouvement que je viens d'indiquer, avec la poésie, on est en outre spécialement confronté au problème de la signification sémantico-linguistique (le lexico-syntaxique).

Il faut cependant rester lucide et prudent avec cette seconde articulation, et pour deux raisons également. D'une part, il y a la composante matériellement sonore de la poésie, qui l'apparente aux arts musicaux et aux arts rythmiques. D'autre part, on doit considérer qu'une grande partie de ce qu'on appelle la poésie contemporaine[2] comprend le jeu sur plusieurs sémioses : auditive (sonore/rythmique), visuelle (spatiale, colorée, cinétique), linguistique (ce qui relève d'une détermination spécifique, combinée ou non, du graphique et/ou du phonique) ; c'est ce qu'on appelle, pour un champ restrictif et par un apparent pléonasme, la poésie sonore, ou, plus largement et mieux, la poésie matérique[3].

Si l'on revient au type d'une poésie substantiellement verbale, c'est-à-dire non seulement à dominante mais exclusivement linguistique, on se situe au cœur de la problématique de la significativité lexico-syntaxique, qui constitue elle-même la zone névralgique de la significativité en général. On parlera alors de l'art verbal, comme on parle des arts des autres sémioses (pour les praxis qui les différencient et les séparent), et on sera amené à repenser les thèses diverses, dont certaines sont bien connues, du régime de ces langages-là : il y a un régime poétique du langage, ou un régime de langage poétique (ce qui n'est pas la *fonction poétique* de Jakobson), qui n'est sémiotiquement rien d'autre que la production/réception de quelque discours social que ce soit à des conditions particulières de vécu de cette production/réception.

Parmi les éléments existentiels qui caractérisent la sensation de ce régime-là, on note l'impression de vivre un acte, un événement-rencontre, comme l'érection d'un corps bouleversant, à la fois totalement intime et scandaleusement partageable, maximalisant et explosant le processus obvie de la signification tout en créant simultanément un objet du monde à la fois archi-sémiotique et ostentatoirement énigmatique.

La question de fond qui se pose à ce point, où l'on identifie pratiquement art verbal et poésie, est de savoir ce que l'on fait de la catégorie *littérature*, qui risque fort de se trouver phagocytée par la désignation *poésie*, au moins dans une perspective graduelle et asymptotique. C'est bien là l'un des traits de la modernité profonde, qui déclasse et pulvérise les jardins génériques, seuls garants survivants de barrières aux limites aussi manifestes que meubles. On n'aura pas de mal à invoquer Jean-Marie Gleize pour montrer combien le questionnement ici est fondé. D'autant que cette sorte d'hyper-sémiose qui caractérise le régime altier de la signification de l'art verbal, son empyrée, la poésie, ne fait, selon moi, que dévoiler, par son optimisation, la tendance ou la tension, profonde et commune, de tout langage.

On en mesure mieux aujourd'hui, semble-t-il, les enjeux, en lisant la poésie du rien ou du presque rien, de l'objet ou de la chose, du détail ou de l'infime, du quotidien ou du banal, du matériel ou de l'indifférent — du n'importe quoi. Mais, justement, le problème ne fait que se déplacer, puisque l'on peut proposer le même commentaire à propos du romanesque contemporain, des arts visuels, et du musical (jusqu'à *l'objet trouvé*).

On n'en sort pas davantage indemne en se réfugiant dans la considération que certains poètes offrent des pratiques de la différenciation formelles/génériques, dans leurs propres productions, comme Yves Bonnefoy, Claude Esteban, Lionel Ray, Michel Deguy, Jacques Ancet, Joëlle Gardes, et bien d'autres, puisque c'est la majorité. Mais comment faire avec Senghor, ou avec Gérard Macé, ou avec Dominique Fourcade, ou avec Claude Ber, pour qui la pratique dominante est plutôt celle de la non différenciation ?

Un des moyens pour tenter d'y voir (un peu) plus clair vient, comme toujours, du côté de la radicalisation, qui illustre, mieux que toute abstraction, la consubstantialité sémiotique de tout acte de langage. Je prends l'exemple d'Alexis Pelletier (qui pratique cependant, en ce qui le concerne, la différenciation *vers/prose*). Il y a, en effet, plus lourd que l'indifférenciation générique/formelle : c'est l'ostentation de prosaïsme comme style poétique. Prenant la force de cette impression au sérieux, Alexis Pelletier déclare, tout uniment : *j'écris* [de la poésie] *comme je parle*. Voilà qui est essentiel : le passage à la limite qui réunifie tout le champ sémiotique. Mais c'est dans *comme* que réside le simulacre (il ne dit pas *j'écris ce que je parle*).

C'est au cœur du mécanisme élémentaire de la sémiose, pur et dépouillé, que se joue principiellement l'alchimie potentiellement grosse de ce que j'ai appelé l'érectibilité du corps textuel en corps esthétique, pour telle ou telle lectrice qui en soit fugacement et charnellement bouleversée.

Double mystère par conséquent, double énigme, et de l'effet-rencontre générant un étrange et paradoxal objet du monde, parole claire-obscure, et de la disposition stylistique (la stylicité) qui, de l'humble terreau verbal commun, génère un faisceau de forces langagières d'intérêt aussi séduisant que troublant. Et l'inflexion proprement (ou tendanciellement) poétique n'a même pas, structuralement, l'appui du narratif pour soutenir ce régime d'*artistisation* de la parole proférée. C'est dans cette lumière singulière que l'on pourrait reprendre la réflexion sur l'un des aspects le plus frappant comme le plus déceptif, le plus apparent comme le moins évident, de la poésie contemporaine : son allure de simplicité.

Oui, l'attention à la poésie est légitime et nécessaire, jamais assez intense et toujours précieuse : c'est l'éclat du sens, dont, *maintenant ici-même*, nous avons à garantir le respect, car

> *tout poème, mais qui l'a dit, ne serait au fond qu'une élégie, un adieu prolongé à la beauté des choses*

(ainsi s'exprime Jacques Ancet). C'est aussi l'idée du poème-poignée de main de Paul Celan, cristallisant dans un geste offert à partage un tragique effet de voix, tragique de son unique jouir, *éphémèreimmortel.*

GEORGES MOLINIÉ

1. Laurent Fourcaut, Yann Migoubert et Michel Viel.
2. Il vaudrait peut-être mieux dire *la poésie actuelle*, dans l'idée qu'il s'agit des productions qui donnent à la lectrice une sensation de vie moderne pour elle (il y a des contemporains biographiques poussiéreux).
3. Dont une des plus vives tribunes en France est la revue *DOC(K)S.*

POÉSIE CONTEMPORAINE DE LANGUE FRANÇAISE

MAX ALHAU

UNE PART D'INCONNU

Pourtant la fenêtre est ouverte
mais tu te tiens à distance
comme si tu avais peur
de savoir que le paysage
tangue au loin
et que jamais plus
tu ne le rejoindras.

Ici, en retrait, tu trembles,
le noir calfeutre ton regard,
tu te demandes parfois
s'il est bien nécessaire
d'en appeler à l'inespéré
et d'en finir avec une saison
qui tarde ou qui s'est détournée
trop tôt à tes dépens

* * *

Tu inscris au-delà d'une ligne imaginaire
et par-delà le fleuve que tu contemples
ce qui ne sera jamais qu'illusion,
rêve mis en pièces par trop d'aveuglement.
Pourtant la terre ou un cours d'eau
te restitue volontiers cette perte,
tandis que ton regard s'éprend d'un temps
désormais à l'abri de celui que tu mesures
avec les arbres, les herbes et le chenal :
tu ne peux te fier qu'à ces signes muets
qui accordent à l'éphémère sa durée.

* * *

Tu tentes malgré tout
de t'installer au plus près
d'une table, d'effacer sur la page
des mots trop vite écrits.
Au loin, une source, un étang
et aussi des forêts, ces lieux
où s'évacuent tes craintes.

Qu'est-ce qui s'oppose
aux assauts de ce temps
qui taraude le corps,
à ces images bleuissant dans l'oubli ?
Tu voudrais simplement
rejoindre le seul chemin
après lequel il suffit de marcher
les yeux, le cœur fermés
pour dérober une part d'inconnu
à qui n'en a plus guère,
pour arracher à coup sûr
quelques feuilles d'un arbre
incendié de printemps.

* * *

Toujours à distance,
tu revois ces forêts,
ces sommets et ces cimes.
C'est un pays en filigrane
qui fortifie ta mémoire,
ce sont aussi des voix
qui se mêlent au vent,
tout cela qui a peine
à refaire surface.

Cela que tu poursuis
comme une quête une source
enfermée dans les sables,
cela qui vient d'un temps
que révoque la durée
et dont tu n'es plus sûr
de la réalité.

Les mots, les paroles
défaillent à ce jeu.

* * *

Parfois tu crois
te délier du jour,
mais l'éclair te rejoint
et traverse ton corps.
Tu demeures étranger
à ce nom qui est le tien.
Tu es la sentinelle
d'une ombre déportée
vers d'improbables vallées
ou des forêts imaginaires.

* * *

PASCAL BOULANGER

L'ÉCHAPPÉE BELLE
(extrait de la deuxième séquence)

Je ne connais pas d'autre grâce que celle d'être né.
Un esprit impartial la trouve complète.
LAUTRÉAMONT

Humiliez-vous, nature imbécile. Écoutez Dieu.

Dieu est amour, il ne gouverne pas les esclaves.

Il existe des puissances du mal mais les peines ne sont pas éternelles.

Le paradis commence après la dévastation.

La dévastation se manifeste par des suffocations, superstitions, inhibitions, désolations, ruminations et convulsions.

Le paradis est sans fin.

Si un homme accumule des richesses et jouit des plaisirs de la vie, il ira droit au ciel après sa mort.

L’homme est fait pour vivre dans la solitude afin d’éviter d’exercer la charité envers son prochain.

Quand les hommes ont souffert autant qu’il est possible, leur corps étant comme mort, ils ne s’en soucient plus et Dieu les prépare au salut.

Dieu étant éternellement jeune, la jeunesse doit être révoltée, lascive et dissolue.

On ne va pas à l’amour sans arrachement et sans perte. Et pourtant, l’abondance sur les villes fait nos délices.

Même si une fête de sourds modifie la nuit, les sommeils déplacent les montagnes.

Piétinez les intrigues de ce monde, bravez les usages, méprisez hantises, sottises, exils de tous les signes.

Les princes de ce monde soufflent et implorent, se flagellent, s’enchaînent et s’épouvantent. Ils sont dupés par la Croix.

Dans leur carré d’hypnose, les méchants rendent la monnaie de la pièce et blessent l’innocence du gaspillage.

L’important n’est pas de qui nous sommes nés, mais pour qui.

Il est toujours midi dans la jarre à bec et l'âme qui brûle d'amour ne fatigue ni se fatigue.

En quittant le tombeau par le beau, la Sulamite embrassée et la gracieuse ressuscitée s'étonnent d'exister.

Les abîmés et les névrosés, qui s'engagent dans la vénération la plus soumise et la rancune la plus tenace, jouent, entre eux, au spectre.

Ils s'anéantissent eux-mêmes en voulant devenir des dieux, Matthieu les appelle vierges folles, mais le troisième œil ne connaît pas le deuil.

Les sans-patrie du temps savent que Dieu, pour nous faire à son image, ne pouvait nous faire d'une meilleure étoffe que du néant.

Dieu ne dit jamais que oui.

Il faut traverser toute cette matière qui remue le fond sensuel des choses. Puis, lever les yeux vers ce qui est désormais interdit.

Il faut aussi passer sous l'œil du dragon en prenant garde qu'il nous dévore et en débusquant ses impostures et ses perversions

Soignez-vous bien, vous me ferez plaisir.

Ils s'endorment, résignés de n'entendre le son d'aucune réponse.

Le bruit lointain du ressac.

Debout sur un remblai un pélican immobile guette sa proie.

Ils achètent un panier de fruits au prix d'un esclave.

Ils ne se contentent pas de tuer la proie, mais la saignent et les cadavres sont exposés là, pour l'exemple, au regard des passants.

Il n'est pas rare, par surcroît, que la populace lance des pierres.

Jamais ils ne marchent sans les images fiévreuses d'un océan déchaîné.

Certains dieux exigent un sanglant tribut. Alors, sur chaque femme on voit un péplum brodé de figures diaboliques.

Ils se frottent le visage des deux mains, allongent les doigts et fixent les yeux sur le mur, saisis de stupeur, barrant la route à leur propre désir.

Ce n'est qu'au milieu de la mort qu'ils semblent jouir.

C'est contre leur propre sang qu'ils sont aux aguets, contre leur propre vie qu'ils se mettent à l'affût, dans la résolution maniaque de nier l'autre, de pourrir le don de l'existence.

Tout pouvoir ne vit que de ceux qui s'y résignent, toute parole qui n'est pas d'affirmation demeure dans le mort.

C'est un spectacle aussi dénué de sens qu'une mer en furie.

Rien de triste, une joie sauvage semble régner dans tout cela.

Sur un nuage, Dieu a écrit : *je n'espère rien, je ne crains rien, je suis libre.*

Les hommes, quand ils supportent les deux visages du destin, ne haïssent ni n'envient personne, ne s'irritent ni ne s'indignent contre personne.

La mésange au plumage bleu et jaune, la mésange tout lui convient : araignées, fruits, baies, graines et bourgeons.

Que serait un Dieu soumis au temps et au rire des damnés ?

Il n'y a plus un seul mortel, ni serpents ni obstacles. Mais la fragile campagne, les ruisseaux, les roches couvertes de mousse, l'instant et qui dure à jamais.

Dieu vit caché et goûte le souffle d'un monde jamais perdu. Sa tête est comme une nuée d'encre, ses cheveux comme des étoiles éparpillées. Son œil gauche devient le soleil, son œil droit la lune. Il va parler maintenant comme il n'a jamais parlé jusqu'ici.

Il parle de la mort mais avec le détachement de ceux qui ne meurent jamais.

C'est sa parole qui expédie des lettres sur toute la surface de la terre.

Calligraphie, musique, mathématiques, médecine, astronomie, tir à l'arc, lance, sabre, combat à mains nues, art des fortifications, équitation, nage, cérémonie du thé, versification improvisée, chasse, poésie.

PAUL DE BRANCION

REPAS DE FAMILLE

Ne parle pas la bouche pleine !
mâche avant d'engloutir !
Coupe ton eau salopiot !
t'es-tu lavé les mains avant de manger ?

Et cette peur de n'être pas servi, qu'on t'oublie, qu'il n'y ait plus rien dans le plat,
plus rien à manger,
malgré la profusion de ce qui est servi, la frustration.

Tiens-toi droit !
mange ta soupe, sinon tu grandiras pas, tu resteras nain, petit, minable, racho, ratatiné.
Puis tu as grandi quand même,
même trop avec les yaourts en pots de verre, les petits suisses aux emballages de carton mous, le gruyère, les trous, les sauces blanches, les ragoûts, les blanquette enfarinées.
Il y avait du poivre sur la table mais le poivrier était toujours rouillé, enrhumé. On mettait des grains de riz dans le sel car la maison était humide. Ça faisait souvent des flaques d'eau dans la salière bleue.
Des rondelles de citron dans les rince-doigts quand rarement on mangeait des fruits de mer.
Le boudin était gras, noir, très noir, ça faisait peur, ressemblait à un étron.
On ne mange pas aisément ce qui est noir et qu'on ne connaît pas.
Il n'y avait pas de ketchup, seulement de la moutarde de Dijon qui vous arrachait le nez, on l'utilisait aussi pour les cataplasmes.

Essuie-toi la bouche avant de boire, essuie-toi la bouche après avoir bu.

Fourchette à gauche, couteau à droite.
On n'est pas tous gauchers !
Il faut manger de tout et rompre le pain… pas trop de sel non plus.
Et le beurre, le beurre, en Normandie les fermières en rajoutaient sur la brioche chaude, ça dégoulinait mais c'était bon, avec la confiture en plus.

On ne commence pas à manger tant que tout le monde n'est pas servi.
On ne s'assied pas avant la maîtresse de maison, on reste debout derrière la chaise !
C'est nul, à quoi ça sert ?
Il faut attendre et mâcher, mâcher longtemps, très longtemps, après ça n'a plus de goût, c'est déjà presque digéré.
Le liquide blanc qui s'incorpore au sang s'appelle le chyle. À l'enfance, on ne sait pas que ce que l'on mange se digère, devient son corps, et ce qui ne sert pas se défèque.
Chaque midi, une entrée, un plat, le fromage, le dessert, souvent des fruits, des compotes amères. Les gâteaux, seulement le dimanche après la messe et tout le tintouin. *Ite missa est*, et on pensait déjà à la tarte aux pommes.

Menus
Lundi, restes de dimanche
Mardi, rôti ou entrecôtes grasses
Mercredi, riz au rognon
Jeudi, Parmentier
Vendredi, poisson, colin ou lieu jaune
Samedi, ratatouille avec ragoût
ou bourguignon rouge
Dimanche, poulet ou poulet

Les betteraves rouges qui déteignaient souvent sur les salades de pommes de terre baignées de vinaigrette, au bout de quelques jours, ce n'était plus très bon, mais il fallait manger les restes.

Il faut toujours manger les restes.
Après, quoi qu'il arrive, on va direct au paradis.
Tiens-toi droit à table, un chat devant, une souris derrière !
Les Anglais mettent la main sous la table, nous en France on garde les main dessus, les poings fermés, les mains bien visibles pour qu'on sache bien qu'on ne dissimule pas une arme sous la table comme ces perfides d'Anglais.
Ma grand-mère faisait de la sauce tomate un peu sucrée avec le pot-au-feu, ma mère servait la moelle, j'en tremblais d'écœurement.

Je peux aller aux toilettes ?
Tu n'y as pas été avant le repas, attends ! Tu n'as qu'à attendre !

Faut rien dire de toute façon.
Reste assis à ta place. Arrête de gigoter.
Trop de sel c'est pas bon, ça retient l'eau.
Faut pas saler trop, c'est pas bon pour les tissus, après, à force, on risque la crise cardiaque avec tout le beurre qu'on prend.
Il nous en reste quoi de tout cela, en dehors des digestions difficiles?

On ne vieillit pas à table, l'heure ne bouge plus. On ne vieillit pas à table, on vieillit avant et après.
Il y avait pourtant une pendule dans la salle à manger, elle avançait bel et bien, tant et si bien qu'on était toujours en retard.
On mangeait vite pour ne pas rater l'école, il fallait plier la serviette, desservir, balayer,
ramasser les miettes, ouvrir la fenêtre pour les donner aux oiseaux qui n'allaient pas à l'école, eux.
Y avait un rouge-gorge que j'aimais bien, même si c'était un tueur de moineaux.
L'école, on y allait en courant, à toute berzingue, on y arrivait rouges, essoufflés, suants.
Ferme la bouche en mangeant ; ne parle pas la bouche pleine.
Il était interdit de parler à table avant l'âge de sept ans et là tu ne causes que quand on t'interroge.

Comment ça a été ta journée ? Qu'est-ce que tu as fait à l'école ?
Tu parles d'un sujet !
Pour le reste, les grandes personnes reprennent le dé de la conversation.
Faut pas interrompre, ne coupe pas la parole, coupe ta viande en sciant, pas en arrachant.
Mais le couteau ne coupe pas. Tais-toi ! Obéis !

Elle, « la Mère », mettait toujours du rouge à lèvres sur sa serviette blanche, brodée joli.
On faisait la vaisselle à la main, c'était, disaient- ils, convivial.
À la main, avec du Mir en berlingot.

Je suis resté dix-neuf ans à la maison et chaque soir, soupe, soupe, soupe.
Une cuiller pour papa, une cuiller pour maman, une cuiller pour la tante Geneviève, une pour grand-mère, une pour l'oncle Gustave !

Quand le curé venait déjeuner, il disait le bénédicité parfois en latin de cuisine. C'était peu compréhensible, mais on se tenait à carreau parce que manger, c'est tout de même pas mal.

LOÏC BRAUNSTEIN

Douzième interstice
La plupart des cylindres qui structurent ma pensée
sont d'étranges chants rituels,
de harassantes litanies sans origine.
Parfois c'est un mot, un seul,
répété six cent mille
sept cent huit fois
dans la même seconde
et qui me creuse dans la tête
un puits de douleur et de lumière.

Treizième interstice
Des voix.
Qui piaillent.
Dès l'instant où je.
M'éveille.
Qui glosent.
Gloussent.
Recouvrent.
Tout effort pour.
Leur échapper.
(Comme une foule sans visage,
puant le sang frais, la crevasse et le ciment.)

Quatorzième interstice
Le désastre du quotidien
a lancé le processus par lequel
j'écris mon nom.
Façon de lutter.
Les années ont passé
pendant lesquelles ma vue
peu à peu
s'est resserrée autour
d'un point unique d'abrutissement.
Je m'efforce de consentir
au décor de baïonnettes qui
depuis
envahit l'horizon.

Quinzième interstice
Le regard planté droit devant
j'enjambe des corps qui tremblent.
Qu'on ne me demande pas où l'on est,
il faut juste sauter de temps en temps
et ne surtout pas penser
qu'une main puisse tout à coup
vous attraper par la cheville.
Ici, avoir peur, c'est déjà
tomber.
Cette certitude est une étendue
sans cesse déjetée,
contre laquelle s'appuyer
pour marcher encore
et encore.

Seizième interstice
En rentrant le soir
j'ai une chance sur deux
pour que la lumière de la cage d'escalier
refuse de s'allumer.
Des murs se dressent alors
au coin des couloirs
et je les écarte des deux mains
avec un haut-le-cœur.
On entend des bruits de pas,
exagérément précipités,
qui dévalent en continu
les trois étages de l'immeuble
et des vestes qui se frôlent,
comme un chuintement d'herbe sèche
malgré l'absence de vent.

Dix-septième interstice
Par le carreau déformé de la fenêtre,
la ville ondule et se découpe
selon ma volonté.
Je dessine une vague où toutes les lumières
se cherchent, et je peux décider
que l'immeuble d'en face
tout à coup perde un étage
ou qu'un arbre trop droit
se couche
sur le trottoir.
Si je pouvais me voir
de l'autre côté de la vitre
j'aurais moi aussi quelque chose d'incertain.
Mais je préfère penser
que d'un mouvement de tête
je suis en mesure d'écraser
les passants dans la rue.

VIRGINIE BROUSSE

MONSIEUR CLOCHE

La maison de monsieur Cloche
N'a ni porte ni fenêtre
Pas même un miroir pour se voir
Juste des tableaux menteurs
Qui vous font l'œil torve et la gauche
Droite. Oh ! La maison de monsieur Cloche
N'a ni regard ni bouche ni chapeau !
Rien qu'une dure palissade de rire
Et de longs rideaux de regrets
Qui sentent la naphtaline dans votre gorge
Et que le vent fait trembler.

* * *

Le lit de la campagne est si haut

et épais comme une pierre.
Le couvre-lit est une nappe d'autel
molle et roide,
pour abîmer les genoux des enfants qui y grimpent.

Et quand ils finissent par y mourir
La grand-mère allume une flamme seule et triste

Mais le visage du petit enfant s'allume comme une icône
Sur l'autel où d'autres viendront dormir

NAVIGATION

J'ai connu un homme au visage constellé de croix et de lignes. Il n'avait cependant jamais voyagé.
Mais quand il parlait et regardait et baissait la tête, on aurait dit que d'innombrables villes et pays s'allumaient dans son regard et autour de lui.

D'où venaient tous ces habitants, ces animaux inconnus, ces débarquements inespérés au matin sur des plages blanches ?
Et l'humidité de la mer dans ses cils, et les coques primitives dans ses ongles, et la pâleur maternelle sur son front ?

Il déployait derrière ses pas de vastes drapeaux d'océan, mais la plupart fuyaient sa piste égarée.

* * *

Ami longeons le cimetière
Et les platanes.

Les ombres y sont plus grandes, et les
Usines mauves

Quand sur les arbres

Le soleil tombe et son halo
Nimbe la ville, les routes, les gares,

Et les autos.

WILLIAM CLIFF

UNE MAGIE

J'avais été désappointé
de ne trouver aucun amour,
j'avais erré de tout côté
jusqu'à l'obscurité du jour.

Je fus choqué de voir Oreste
assis dans un fauteuil avec
un air très sûr de lui alors
qu'errant de tout côté j'étais
ridicule et que je perdais
toute consistance de corps.

Quand je ressortis dans la nuit,
on aurait dit qu'enfin la pluie
paraissait vouloir se calmer ;
lorsque j'entrai au restaurant,
il me sembla que les clients
avaient des têtes de damnés.

La nourriture était infecte
et l'aigreur de la vinaigrette
empoisonnait toute ma bouche
mais je mastiquais néanmoins
cette horreur puisque j'avais faim
et qu'il faut bien « casser la croûte ».

J'allai me promener sans goût
sur la Grand-Place et son caillou

noirci par la longueur du temps
et puis je rentrai dans ma chambre
avec mon âme mécontente
regardant la rue où pourtant

pas un chat ne courait le long
des murs pour trouver un filon
et satisfaire son désir
alors je tombai dans mon lit
puisque mon amour est parti.

Au matin je me pris à lire
la poésie dans un vieux livre
d'un certain Johan Reddingius :
consultant l'Encyclopédie
Néerlandaise je vis sa vie
en trois lignes et rien de plus :

Zonnewende était mentionné
mais où avais-je pu jamais
acquérir ce charmant ouvrage
tout à fait démantibulé
dont enfin j'avais eu l'idée
de lire la première page ?

Ce livre était depuis longtemps
par terre et buttant tout le temps
sur lui j'eus l'idée de le prendre
et je fus heureux de connaître
assez de langue néerlandaise
pour pouvoir le lire et comprendre

et aimer la simplicité
de cet homme qui a chanté
en octosyllabes la vie

disant que le chant intérieur
avait enchanté son malheur
par la magie de Poésie.

(Bruxelles, mardi 12
mai 2009, pluie.)

•

L'ABÎME

Qu'est-ce que c'est que cet abîme
où nous allons tous nous jeter
et qui termine la sublime
journée de notre humanité ?
J'étais couché dans la nuit noire
et j'entendais cette question
venir assaillir ma mémoire
de sa dure déflagration.
Et je me levai pour l'écrire
mais en allumant la lumière
déjà autre chose m'attire
et fait revenir en arrière.
Rien qu'en faisant mouvoir mon corps
autre chose me préoccupe
et me promène loin des torts
réitérés dont je suis dupe.
Et remuant divers papiers,
je tombe sur un téléphone
dont les chiffres là recopiés
me font bientôt héler un homme
qui me tient d'infinis discours
comme si c'était naturel
que l'homme dise ses amours

sur un fil à travers le ciel :
il n'en finit pas d'épancher
le flot de ce qu'il aime dire
dans mon oreille intéressée
à écouter sa poésie.
J'ai de la peine à mettre un terme
aux ondes de sa conférence
et retrouver la terre ferme
de la demande où je repense :
qu'est-ce que c'est que cet abîme
où nous allons tous nous jeter
et qui termine la sublime
journée de notre humanité ?

(Gembloux, jeudi 5 novembre 2009,
7 heures du soir.)

ARIANE DREYFUS

extrait de NOUS NOUS ATTENDONS
(reconnaissance à Gérard Schlosser) (inédit)

J'AI FROID AUX PIEDS

La serviette reste comme la main l'a laissée
De même
La cuvette toute bleue

Elle s'est relevée dès qu'il est apparu dans la porte
Nue d'en bas

Sur le clair
Un peu de sombre s'épanouit il voit

Un morceau de nature

Ne parle pas la bouche le porte en elle

CROIS-MOI

Le pont a un très beau corps
Elle se penche si près grandiose

La ceinture ouverte ceux qui passent ne voient rien
Que la ramure presque noire

À son tour l'arbre recevant l'ombre
Il fait froid près du pont

SI TU VEUX

Il y aurait des museaux qui ont couru
Deux tracés sur la colline leurs lignes
Vont loin dans l'herbe

Visage très bas du corps couché
Plus grand souffle

Le chemisier
Est un ciel soulevé par ses propres motifs
De fleurs s'écartant du sein nu

Unique mamelon

ELLE A APPELÉ

Il ne voulait prendre que le ventre, le visage n'est pas sur la photo
La prairie si

La courbe de la terre disant oui autant qu'elle
Deux lèvres

L'air
Intimement passe

ANTOINE EMAZ

COUP DE BARRE

depuis l'aube
une lumière de lait sale
on avance mal
le corps gêné
la tête
ouatée

ce n'est pas la fatigue
ou le bruit du monde
dans la maison vide

juste le crépi gris du ciel
qui mure

dans le dos
la semaine
pourrit compost
compact de temps
passé sac

devant
le ciel
fermé comme une vitre
badigeonnée de blanc
la trame du corps vibre
en attente

on a couru assez dans les couloirs
les étages du réel
on se tasse dans un coin

on repose

images floues
débris de vieux écrasé sable
et la mémoire la mer
molle mobile
vaine

dès la renverse
dans les yeux
s'impose cette masse
opaque gélatine tiède
qui tremble et bloque

on a compris
on n'ira pas plus loin

plus tard
au bout du soir dans la vitre
la même tête
crâne

face à face
passé
soi

l'éboulis lent travail de modelage
jusqu'à faire face de rien qui vaille
mais figure

malgré
tout
vivre

à la fin
les yeux ferment

faudrait pouvoir encore
sans
le corps

échec

la carcasse n'en peut plus

alors
pat

cliquetis de mots
chaînette d'osselets
même pas musique

bruits nets
secs clairs

du squelette bat
dans l'air

vanité
pendue

« frères humains »
ou carillon de bambous
accroché à une porte
ouverte au vent

cela

insectes morts noirs sur la page
ou bien ces os qui tintent
presque dansent
leur vide

sortir de l'ornière cesser
d'entasser encrasser ressasser
dans le grenier à rêves
et la cave à mémoire

mettre à côté la tête
et sa besogne sans fin
d'enregistrement lent

disjoncter

clac

on rouvre les yeux
sur un bouquet fané
pivoines

la pièce est calme
on reprend pied

on n'a rien liquidé
mais c'est parti

EMMANUELLE FAVIER

Nous longions le bitume du port, jonché d'étoiles safranées,
de coques délaissées en plein midi,
de veines éclatées de soleil.

Dans notre barque amarrée des pêcheurs jetèrent, en signe de mauvais œil, des pinces de crabe tachées de lichen.

Puis ce fut le départ. Entre deux jetées de pierres brutes, les vagues frissonnant sur la carène roulaient nos cœurs dans leurs vaisseaux, défaisaient nos nerfs parcourus de giclées de métal, en brisures de glace, en sanglots contenus, en larmes gelées dessinant le rythme des marées.

Tu semblais curieux de sa détresse, l'œil planté au sien, t'efforçant de marteler chaque rivet qui alourdisse son sang jusqu'à le noyer de vase, pour le voir enfin resurgir, dans la gloire amère et pure du silence, dans l'éclatant silence.

Ma douleur se noie. Peut-être par la force de la bordure de grosses pierres, celle qui longe le bassin creusé par la mer dans l'ouvrage de granit. Peut-être par la menace des vagues au-dessous, quand je m'assieds sur leur lit irrégulier. Elles ironisent chacune sur les fièvres de parole qui tordent ma pensée.
Dis-moi, seulement, si je peux m'en remettre aux tentations du phare.
Dis-moi ce qu'il promet de frayeurs espérantes au sein du sombre large.

Le visage tendu des hommes écorchés à la barre, l'odeur féroce de leurs membres qui s'accrochent aux filets. Dans leurs embrassements subsistent les moiteurs rêches des cordages.
En aval de la môle leurs poings serrés comme des tenailles défrichent les seins des filles, comme pour aiguiser l'arc d'étoupe du ciel.

ALAIN FREIXE

À L'ÉTRANGÈRE

L'âme est de l'étranger sur la terre
GEORG TRAKL

L'âme est sur la route
GILLES DELEUZE

(…)
il y a un cri
sur la route
coulé dans le soleil
un cri blanc
une lumière vide
où se cognent les yeux

ils se ferment
sur l'oubliée de la gorge
la serrent
l'enserrent
la fouettent d'air
l'aveuglent de sang

c'est empêchée
dans le fracas des orties
les gravats de vieilles margelles
noyée dans l'eau
de mille pluies en cavale
que brûlant ses dernières épines
bousculée par un vent noir
on la sentira
remonter et renouer
ses clefs cabrées aux silences
de sa portée déchirée

après
c'est comme une musique
qui rouvre les yeux
et lance le regard
drapé de déchirures
de mots écrasés
d'images écorchées
pour au loin
l'entendre tinter
entre l'herbe blanche
les mottes brûlées
et le coup de grâce du vent

ferrée de silence
la route à présent
est rendue à son asphalte
à ses mirages
un tournant attend
l'étrangère
(...)

PIERRE GARRIGUES

SONNETS

Aéroport : y a-t-il des raisons objectives
pour que parfois j'y erre, buvant des *Celtia*
au bar où l'on en sert ? Ou est-ce, *in absentia*,
la raison objectale où mon être objective

sa vocation d'exil ? Sensation fugitive
du bonheur anonyme en ce galimatias
de langues et de corps... Éclat d'un forsythia
dans la lumière, d'un taxi jaune, émotive

matière du silence, où ma vie de la vie
s'oublie dans quelque rime, ou dans l'inassouvie
clôture d'un sonnet : la limite où l'espace

touche au lieu, où le temps s'éternise en l'instant.
Écrire simplement, dit Séféris : distant
de soi, comme un rai de soleil dans une impasse

Un rayon de soleil illumine un coussin
du canapé, tremblant, les barreaux des fenêtres
s'y dessinent en croix. Pourrais-je méconnaître
en mes vers cet instant de grâce où le dessin

d'une chose et d'un nom trouve dans le dessein
de la lumière un sens éphémère : non-être
où le regard, en deçà du regard, pénètre
au cœur insignifiant du désir ? Un essaim

de poussière dans l'air unit la conjoncture
du réel, tout et rien, à son reflet : structure
d'un sonnet... Je mets à fond *Dont think twice it's all*

right, me fais un café oriental *Ben Yedder*,
la mort n'est rien quand ce miracle nous console :
pouvoir goûter l'excès au défaut qui adhère

Le vent est tombé, vols d'étourneaux d'ouest en est
en la clarté bleuie, inversement au vers
que j'écris, et qui chutent. Parfums du thé vert
où infusent des feuilles de menthe et un zeste

de citron, parfums doux où *quelque chose* reste
à dire, infiniment. Ordres du fait divers
ou de l'esprit, qu'importe, je sens l'univers
dans ce point silencieux où *ce qui* manifeste

son absence est présent. Courant pour rattraper
l'autobus une femme, et mon vers pour draper
d'une rime l'instant... Tragique indifférence

en la clarté dorée de ce retard constant :
là se perd la beauté des choses, référence
ultime où mon sonnet va comme un pénitent

Vent solaire, la branche du bougainvillier :
éclat pourpre en l'éclat de la lumière. Il vente
— du nom au verbe je passe au récit, j'invente
une fable où soleil, regard seraient liés

à la syntaxe, et — il ne faudrait l'oublier —
à un sujet : mézigue. À Monoprix l'on vante
les produits de la cave Atlas : fort émouvante
est cette idée d'avoir, breuvage journalier,

pour 5 dinars des *Punique* et des *Ifrikya*,
corsés, boisés, fruités !!!!! Or, à côté il y a
un petit restaurant nommé *La cloche d'or* :

lumières tamisées, on y boit sans vergogne
et mange de bons plats. Tu vois que je ne grogne
en ces vers où savant mon néant je redore

J'ai rêvé cette nuit que j'étais président.
De quoi ? se pourrait-il que ce fût de la France,
en ai-je à ton avis l'étoffe et l'apparence ?
Salle comble, on me presse, il paraît évident

que je dois être prêt ; quelque surintendant
me place – afin que l'on me fasse déférence –
contre une table en carreaux blancs. Je suis en transes,
au moment de serrer des mains, en regardant

ma tenue : un tee-shirt maculé qui me sert
de pyjama, je n'ai ni veste ni spencer...
Je n'en saurai pas plus, réveillé par le chant

du merle, émerveillé par cette conjoncture
insensée d'où je fais d'un sonnet la structure,
rime à rime du rien qui l'épuise approchant

Presque plus de café, plus de tabac, que faire
en ce monde où mon cœur est trop lent ? M'enivrer,
cher ami, de sonnets, de vins dont la livrée
rutile au fond d'un verre et dans ces vers profère

l'éclat de ma révolte : on ne peut satisfaire
désir ni soif, si bon, si boisé, si poivré,
si subtil soit le goût de vivre. Désœuvrée
en s'œuvrant, son essence est pareille à la sphère

de l'Éléate : finie mais illimitée,
tremblant au *cœur sans tremblement de vérité...*
Aussi vais-je de rime en rue pour que mon rythme

accorde à mes tercets l'enseigne Monoprix :
pinots, syrah, merlots, cabernets dont le prix
n'en a, tel au matin le merle à l'algorithme

mystérieux. Évidence, un écho lumineux
du silence, du rien dont mon cœur est épris
dans cet excès de vie, de mots vertigineux

Grisaille et vent, la pluie menace, je regarde
à la fenêtre un merle voler du cyprès
au néflier en fleurs. Tremblement sans apprêt
d'une branche, écho d'un sifflement... Par mégarde

– et bonheur ? –, est-ce là, du réel, ce que gardent
les mots un matin gris ? Quelque chose *à-peu-près*,
comme écrire sans faute ou s'asperger d'un spray
déodorant, quelque chose qui sauvegarde

la lumière en l'obscur tremblement du silence.
J'écoute *Ring them bells*, mon cœur toujours s'élance
vers le ciel, indicible et violent. Je n'attends

rien de la poésie, je rime... Vent, froidure,
l'éboueur de Manar ramasse les ordures
en tirant sa charrette et mesure le temps

Ciel lavé par le vent, je vois dans le lointain
les collines et le lac où tremble une lumière
dense. Un vol d'étourneaux, des choses coutumières
qui donnent à l'instant sa valeur de matin,

le bruit de l'autobus et les cris indistincts
des enfants, l'odeur du café turc, la première
gorgée brûlante... L'air sur les roses trémières
du trottoir a bleui, j'entends le bulletin

météo, *20° sur le Nord tunisien...*
Pas de quoi même en faire un récit milésien
pas de quoi même, ainsi que disait Althusser,

ne pas se raconter d'histoires, ce qui vaut
d'en raconter sans fin... Faudrait-il comme un veau
que j'en pleure ou voir dans ce peu mon nécessaire ?

IRÈNE GAYRAUD

À L'ENFANT DU CRÉPUSCULE

Les premiers mots pour dire
la fascination
de voir le ciel se dénouer chaque soir vers la terre et les eaux
et sans hâte
la ténèbre s'étirer puis absorber peu à peu la lumière

À rebours
la voix vint te heurter
Comme après-coup
bruit la boussole, confirme l'axe de ta marche t'indique
de chercher l'unisson à partir de l'octave
d'élargir l'espace pour la jeune voix

celle que tu revis poindre de la non-mémoire
comme un mur éboulé vers l'intérieur de la maison, invisible espalier

celle qui avait osé dire

chaque soir se réunit ce que Dieu avait séparé

À L'ENFANT DES FEUX

Son souffle neuf disait

plus puissante que le feu
est l'attente entre les feux
le noir reconquis sur chaque braise, le cri s'effilant,
annonce
d'un éclair qui ne durerait pas

S'exténuent les éclats...
Le son persiste encore et murmure au travers

Écoute !

le commencement résonner dans l'intervalle
et les échos maintenant, au plus haut point de marcher vers le souffle

Exulte !

Oui, exulte !

car l'enfant déjà savait

que *chaque feu est un appel*

que la beauté n'est pas de pierre, mais mouvement
qu'elle n'est pas la toute-droite, mais de feu

ALBERT GUIGNARD

VOX POPULI

L'usine pour premier chant des sirènes.
Leurs toits en dents de scie
ouvre-boîte d'un ciel saignant de tous ses bleus au vestiaire.
Son labyrinthe de cercueils métalliques
sécrète mes premiers vers d'*horrible travailleur*,
d'animal-machine,
sous un œil aiguilleur
qui ne cesse de donner l'heure
sans jamais laisser le temps.

Esclave affranchi
du « Trop de tout, toujours plus vite »,
je n'ai pas l'inspiration ouvrière ;
encore moins depuis que le populaire
fait Union majoritaire
en monstrueuse ruée vers l'or.

LA MONSTRUEUSE RUÉE VERS L'OR

Réinventons les dieux, tous les mythes des siècles.
Célébrons le symbole des profondes forêts anciennes.
JIM MORRISON, *Une prière américaine*

Dans la bibliothèque d'une maison d'enfants,
Il m'attendait là,
Le Horla ;
sous la plume d'un écrivain comme les autres,
réputé blagueur et ne parlant que d'argent.

Le prospère Brésil des brasiers de l'Amazonie,
a remis sur le marché l'antique Satan.
Ce serpent doublement bestial
n'a rien animal
sinon sous forme humaine
en costume trois pièces, cravate, attaché-case.

Ici, je détecte l'emprise de ce nazisme ordinaire
derrière chaque pré qui disparaît.

Aucune surenchère à l'horreur
quand ici-bas le chaos est à demeure !

J'agite l'épouvantail de la poésie
avec l'ostentation d'un chaman,
appelant sur lui le mal
pour le détruire dans son art.
J'ai les ailes larges.

Albatros-émissaire, si je parviens à soulager
le dos d'un pauvre bouc de l'antiquité,
ce sera toujours *Une prière américaine* d'exaucée.

N'étant pas hanté par la peur de la folie et de la mort,
il me serait aisé de prendre sur moi sa fièvre d'orpailleur.
Mais puisqu'il me faut donner au Tout un sens nouveau,
que ce poème soit la cellule qui prolifère par instinct de survie.

Au tour du Horla de posséder mon immortalité de cancer
à son corps défendant.

JACQUES JOSSE

Extrait de HAMEAU MORT (*inédit*)

Il stationne dans une rue d'un port d'Afrique. Face à lui, assis sur un sac de sable, une 33 export à la main, un vieux garde une maison en deuil. Il vend en même temps des poissons séchés, étalés sur des journaux à même le sol. D'un geste bref, il l'invite à entrer.

Le mort trône au milieu de la pièce. Il repose sur un lit en fer. Le linge blanc qui le recouvre ne cache pas ses os saillants. On lui a collé un sparadrap sur la bouche. Il porte encore ses lunettes cerclées d'écailles. À son poignet, une montre jaune égrène un temps qui n'est déjà plus le sien. Un ventilateur continue de ronronner au-dessus de sa tête.

Un soir à Anvers, en équilibre sur le versant nord des savanes taillées sous les lustres d'un bar, la fatigue le plombe. Il sirote Palm sur Palm. Se rapproche d'une blonde. Laisse deux doigts libres filer sur la fermeture Éclair de ses jeans. S'aventure ensuite entre l'élastique et le duvet du ventre. Ne remarque pas le type qui, installé à la table du fond, suit son manège sans broncher. N'imagine pas la dureté de ses poings. Ces deux cailloux, ciselés sur les pentes du Koppen Berg, vont pourtant l'envoyer râper l'arête du trottoir en lui modelant ce menton – en double galoche et de travers – qui, depuis, ne l'a plus quitté.

Un corps est tombé à la mer. Il paraissait lourd. C'était celui d'un homme mort. Après l'avoir allongé sur une palette huilée, deux marins l'ont fait basculer par-dessus bord.

La cérémonie qui marqua ce début d'absence au monde eut lieu sous une tempête de neige, entre Horn et Bonne Espérance. Elle lui revient en mémoire devant une ferme, là où il s'est arrêté pour braquer sa lampe de poche sur la tête d'un cheval en train de mâcher le vent d'ouest à la porte d'un box.

La dernière fois qu'il l'a vu, il était étalé de tout son long, bras en croix, manteau déplié et face contre terre, sur le carreau froid devant l'autel.

Pierre-Yves, qui voulait entrer dans les ordres, s'aspergeait d'eau bénite et s'offrait une énième répétition à l'église.

Trois jours plus tard, une vague devait l'emporter aux alentours des Pierres Noires, dans des zones de turbulence vert bouteille, entre les pics rocheux des Dames et de La Cheminée.

On ne retrouva jamais son corps mais on vit la mère passer le soir même avec les vêtements ficelés sur le porte-bagages de son vélo.

Il ferme les yeux. Surtout ne pas penser au mort de la rivière. Tout à l'heure, il l'a serré trop fort. Ses os ont commencé à gémir dans la chambre. Des étoiles ont dû s'éteindre en touchant l'eau du bief.

L'inconnu marchait comme autrefois sous le grésil. Il longeait à nouveau les berges pour rejoindre l'écluse, descendre et soudain valdinguer avant de disparaître – pris au cœur d'un torrent d'écume, ballot porté vers l'estuaire, croisant en aveugle des saumons retour de Norvège en cours de route – une main coincée dans la nasse qu'il tentait d'installer sous les roues du moulin.

JACQUES JOUET

PROSOPOPÉE DU PÈRE HÉBERT, GRAND CHAHUTÉ

Nous, Félix-Frédéric Hébert
en fin de carrière
oh ! ce sera mon apothéose
je ne sais pas pourquoi, je le sens.

Un jour, ils ont attaché ma ficelle
à ma chaise
ma ficelle avec une craie au bout
pour faire des cercles, au tableau, qu'ils me volaient
et que j'avais fini par attacher à ma ceinture, et qui pendait. Les pendards
tandis que j'avais le dos tourné pour un schéma
ont fait un nœud de ma ficelle à un pied de la chaise.
Et, depuis lors, nous sommes attaché comme une chèvre
à notre fonction.

Nous aurons été le chahuté
le grand chahuté de ces chats-huants, de ces chouans chahuteurs
et de chaos porteurs, sortis de leurs cahutes.
Chahuté jusqu'aux larmes, de chaque côté de la barrière
mais les larmes, douleur de ce mon côté de l'estrade
et rires de l'autre versant.
Dans la cérémonie de mes plaintes, qu'on m'accorde
que jamais je ne versai de larmes pitoyables.
Je ne reconnaîtrai que larmes dramatiques, que larmes historiques
que larmes de la République, celles, larmes, qui invoquent
la compréhension de mes apprentis, mon incapacité sans doute
à mener les petits des hommes

par le bout de leur nez
qui est le plus souvent à cet âge le seul horizon de leur regard.

À chaque fois, je me fendais de mon discours du chahut
discours de réception à moi-même dans le rôle du supplicié.
En cherchant dans les yeux des petits boutonneux
qui ne m'envoyaient pas dire que je n'étais qu'un bouton moi-même
monté sur quelque chose comme une absence de pattes
cherchant une lueur
d'amour
je ne gagnais dans leurs yeux que leur satisfaction
de me trouver là au rendez-vous
celui qui ne se faisait pas porter pâle, et pâle
qui l'était, pourtant, blanc de farine et supplicié
salarié pour leur plaisir et le pain de leurs jeux
et les plongeant tout de même dans un bain de physique
d'où sortirent depuis des ingénieurs et des polytechniciens.

Ma bêtise, je veux bien être bête
je suis bête, mais pas l'incarnation de la stupidité
on ne fera pas de moi des « beau comme… » maldororiens
mais des « bête comme… » tout juste hébertiens
bête comme le chou, bête comme le foin mangé
bête comme la servitude volontaire
bête comme Éblé, le général ponton, et même le père Duchesne, qui était un Hébert
bête comme Don Quichotte, je le veux bien
bête comme le brave soldat Schweyk et Nasr Eddin Hodja
bête comme Bouvard et comme Pécuchet bête
bête comme l'autre grand chahuté du XIXe siècle
celui du lycée de Tournon et de la rue de Rome.

Mon domaine, c'était la physique
et je m'intéressais aux phénomènes célestes, rien que physiques
je vous jure, ni méta- ni 'pata-.
Je tenais que la foudre était une boule de feu

celle que ne méconnaîtra pas la momie de Rascar Capac.
Et c'est la moindre des choses, puisque, foutre, j'étais une sphère
forme parfaite dont mon estomac était le nombril
planète à moi tout seul « bête ronde avec des têtes tout autour ».
Et ce terreau, que mes petits tortionnaires m'attribuaient en guise
de territoire, j'eus l'idée de les y attirer
de les y incorporer, molécules tournant autour de mon ventre massif.
Je fus, ab ovo, l'œuf qui germe
l'ovule de ma bonne naissance interminable.
Le corps est une chose commune.
Le nom est une chose commune.
L'œuf œuvre est chose commune.
Ceci est mon corps, ceci est mon nom.
Ceci est l'œuf que je donne à la transformation
phagocytante d'Alfred Jarry et de ses camarades
pour un texte instable et insaisissable
exactement comme est le sable.

Mes classes étaient des foires, comme disait l'inspection
académique. Elle étaient mes foires, où je vendais, dans le brouhaha
la discussion des orages et le tonnerre en boule
l'exposé sur la foudre et sa forme globule
« tous les métaux cachés au ventre des abîmes »
les mouvements tourbillonnaires descendants
et l'action des forêts sur la marche des grêles
typhons de mer de Chine et cyclones de l'Inde
voyages accomplis sans chevaux sur les routes
nos villes, nos maisons, enfin électrifiées
les montagnes percées et les isthmes de même.

C'en était trop, bientôt, je ne pouvais plus parler
tout ce que je disais était interprété
sur le terrain des lieux et de la scatologie.
J'ai été nommé dans la fosse comme élément dans son élément.

J'aimais prononcer des discours à la distribution des prix
les sciences et lettres sont des sœurs
la science pacifique devant les éléments
qui le sont moins, les grands mouvements de l'atmosphère
le foehn et le sirocco
Un jour que je parlais de l'immenculée conception…
…*m*aculée ! im*m*aculée ! les satanés potaches qui ont écrit à ma place !
m'ont fait dire « le sacrement de cocuage »
et si je parlais de saponifier les graisses
me demandaient de balayer devant ma porte
comme si on pouvait faire du savon avec la graisse humaine !
La république institutrice et normalienne, vous savez, est conflictuelle
pas si une que cela et si indivisible que le voudraient
les plus petits communs indiviseurs.

Un jour, au lycée de Limoges, le 25 novembre 1872
je fut le témoin d'une révolte des pensionnaires
mon sang ne fit qu'un tour, j'en appelai à M. Thiers
fis sonner le tocsin et chercher armée et police
physicien des catastrophes météorologiques et des révolutions
bête comme un adjoint au maire de droite conciliant de nature
bête comme un anticommunard
bête comme un anticosmopolite
bête comme un antijudéomaçonnique
bête comme un antidreyfusard ou-siste
bête comme un antidarwinien
bête comme un catholique sincère, cinq enfants
quel dossier !
Mais, justement, ma division
bête comme un fétu dans les grands mouvements de l'atmosphère
et sous la formation et la translation des grands mouvements aériens
je ne me suis pas perdu, je me suis transformé
on m'appela Ubu, de mon vivant, drôle de sottise
que cette subversion de l'intelligence trop installée
bête comme la Grande Guerre qui allait venir

bête comme Gauguin le sauvage
bête comme Shakespeare quand Jarry me fait hocher la poire.

Vos professeurs, messieurs, seront vos personnages
bêtes comme l'autorité
et libres sous leur caporal.
Je ne suis pas un homme heureux
je suis un homme content.

Sources : *Organographes du Cymbalum pataphysicum*, n°5, 1976. — Noël Arnaud, *Alfred Jarry, d'Ubu roi au docteur Faustroll*, Paris, La Table ronde, 1974. — Alfred Jarry, « Essai de définition du courage », *La Revue blanche*, 15 mai 1901, repris in *La Chandelle verte*.

YVES LE PESTIPON

MÉTHODES

RECETTE POUR UNE SEULE POUBELLE

Pour examiner une seule poubelle,
Il faut
Une seule poubelle,
Toute la nuit,
L'univers,
Une existence.
Il faut savoir l'histoire et la géographie
Il faut tout connaître du ciel.
On n'examine pas une seule poubelle
Sans théologie ni archéologie.
On a besoin des doigts, du nez, de l'œil, et de l'oreille.
Il faut parfois toute la langue
Pour examiner une seule poubelle.
Et il faut être soi,
Et il faut être souple,
Et il faut être chien et chat,
Et belette et punaise,
Et femme, espion, confesseur, maquereau.
Quelques crimes sont nécessaires,
Et aussi de la charité.
Il faut être voyeur comme Dieu,
Voyou comme Dieu,
Voyelle comme consonne,
Et n'être absolument personne
Pour examiner une seule poubelle.

ÉVANGILE

Si l'angoisse te frappe,
Si l'ennui, l'épouvantable ennui,
T'enlise,
Si le dégoût, si l'ironie cruelle, si l'exil t'envahissent,
Si ton esprit croule aux vices,
Si ton cœur saigne sans signe,
Si l'amour n'est à aucun des rendez-vous,
Alors sors,
Va aux poubelles,
Soulève les couvercles, plonge tes yeux, tes mains, respire.

La première poubelle, peut-être, ne te guérira pas.
La seconde poubelle, peut-être, ne te guérira pas.
La troisième poubelle, peut-être, ne te guérira pas.

Peut-être faudra-t-il une quatrième poubelle.
Peut-être te faudra-t-il une cinquième poubelle,
Mais la sixième poubelle,
Ou la septième poubelle, Ou la huitième poubelle,
Ou la neuvième poubelle
Fendra ton angoisse.

À la neuvième poubelle, tu revivras.
Alors, tu marcheras vers la dixième poubelle, l'âme légère, le cœur avide,
Et la dixième poubelle te conduira à la onzième poubelle,
La fameuse onzième poubelle, dont tu te souviendras,
Oublieux désormais de l'angoisse et du spleen,
Tout à l'espérance de la douzième poubelle,
Dont cependant tu sentiras qu'il ne faut pas l'ouvrir,
qu'il ne faut pas la fouiller,
Car il faut pas connaître toutes les poubelles.
Telle est la loi.

Tu passeras à la treizième poubelle,
Tu chanteras la treizième poubelle,
Tu lui composeras un hymne,
Tu ouvriras devant elle le chemin sans regarder derrière toi,
Et puis tu reviendras au monde
Le labourer d'amour
Avec ta joie
Comme le soc clair du soleil.

CORRESPONDANCES

Il est possible
Dans les poubelles
De trouver des correspondances
Par exemple entre un animateur-radio d'émissions de variétés
Et une femme de militaire.
Entre une vieille mère et sa fille,
Entre des amoureux,
Entre la Redoute et une cliente.

Dans les poubelles,
Il est possible de trouver des correspondances,
Parce que tout a une mort,
L'émission de variétés, la vie, les amours, et la fidélité à la Redoute.

Dans les possibles
Île et poubelle s'accordent et dansent comme des cœurs du monde.

Dans les poubelles

Ma main de troubadour s'avance à l'aventure.

Voici la rencontre des restes…

Leurs archipels, quand la nuit vient, font mettre voile à mes cerveaux.

Dans les possibles,
L'œil aux poubelles, j'arpente les correspondances.

Ce sont les cibles, non pour la mort, mais pour la vie réelle.

Dans les poubelles, il est réel
Que des poèmes se composent.

DÉFINITION D'UNE MARCHE AUTOUR DE MONTSÉGUR

Autour du point tourne la marche.
La marche tourne autour du point.
Autour du point tourne,
Tourne systématiquement,
Et sans toucher au point.
La marche ne fait pas pointe vers le point.

Le point construit la forme de la marche.
La forme de la marche construit le point
Le point est enfant de la marche.
Qui est également l'enfant du point.
L'enfant est une marche, et l'enfant est un point.
Ça tourne, tourne,
Et le château sort de ce tour,
Et la marche tourne autour du château qui est le point de toute enfance.

Marcher n'est pas un trait d'esprit
La marche mâche mots et chemins.
La marche fait cercle autour du point
La marche est grosse du château
Le point est sûr. Le ciel est rond
Les bouches marchent comme un ciel.

Autour du point tourne la marche.
La marche tourne autour du point.
Autour du point tourne,
Tourne systématiquement,
Et sans toucher au point
La marche ne fait pas mouche vers le point.

PRÉSENTATION

Voilà un galet.
Il est présent,
Et vieux.
Ce galet tient dans ma main.
Ma main est pleine de sang.
Tout mon sang coule dans ma main.
Tout le temps tient dans ce galet.

Voilà le mot galet.
Il s'absente.
Il est vieux, usé, roulé.
Ce mot ne tient pas dans ma bouche.
Ma bouche est pleine de sang.
Tout mon sang coule par ma langue.
Tout le temps tient dans un seul mot.

Voilà un poème.
C'est un présent.
Il est plus vieux que son auteur, pas assez roulé encore.
Ce poème tient au galet.
Le galet vient des mains de la rivière.
Toute la rivière coule dans le temps.
Tout le temps parle dans la rivière.

BÉATRICE LIBERT

« LES COULEURS DU DEDANS »

Dès qu'une couleur n'est plus pure,
Le drame peut prendre des proportions effarantes.
YVES KLEIN

Tu me dirais le bleu, le bleu qui lave et qui emplit, le bleu qui polit toute chose, met sa foi dans le jaune et son aspiration dans la verticale, le bleu qui s'accroche aux plus petits carreaux, s'immisce dans les moindres fentes, les serrures et sous les portes, tu me dirais le bleu plus frais que l'abîme, plus essentiel que l'eau, plus léger que la fuite du papillon, tu me dirais le bleu, et nous aurions toute la vie et nous serions la vie.

Tu me dirais le rouge, celui qui ne ment pas, celui qui ne craint ni l'ombre ni le vert, celui qui ne s'offusque pas, le rouge jouisseur, le rouge envahisseur, le rouge nourrissant, le rouge appétissant, rebondi et gaillard, un rouge rond, un brin paillard, tu me dirais le rouge, et nous aurions la vie à boire dans l'opale du temps.

Tu me dirais le jaune et tous les jaunes, et le jour s'enfanterait de leur déclinaison, mûre plage et mûre cargaison, patience d'or à l'Est et lune pleine dans l'eau qui s'en délecte, tu me dirais le jaune, sa paille, son étoile, sa lente folie, sa faune.

Tu me dirais le blanc, sa mémoire et sa perte, sa solitude et son cri, ce qui en lui s'éteint, ce qui en lui poudroie, ce qui le tache et s'en détache, ce qui l'inspire et le hante et l'obscurcit, ce qui le chauffe à blanc pour m'en nourrir l'esprit, ce qui l'évanouit et le lange et l'étrange et le consume et le métabolise, tu me dirais le blanc, tout le blanc, sa voix, sa peau, sa lumière et sa faconde, sa neige, son repos, sa vertu comme son vice, sa nymphe et sa voilure, tu me dirais le blanc, et nous pourrions ensemencer nos manques, nos tréfonds.

Tu me dirais le rose, tu me dirais la lente chose qui s'élève en toi à l'instant où fleurit le mot dans ta bouche, tu me dirais tout l'ô de l'eau, le roucoulement de l'aube réveillée doucement, la dispersion des brumes et l'empan du silence, l'air à l'aise et l'air serein dans l'anse du S et du O réjouis.

Tu me dirais le brun, le brun qui se mange le brun qui se range à chaque étage de son chez soi, le brun qui pèse, le brun qui mesure, le brun qui pousse ses doigts de laine jusqu'au cœur des sous-bois, tu me dirais le brun, non le brûlé, le brun, non le bronzé, le brun, non le sali, le brun, l'ocre profond, le goût de terre, la peau du tronc, tu me dirais le brun, et nos doigts doucement pétriraient le réel, brun qui ne veut rien taire ni voler ni mourir, brun pour l'île ouverte, brun pour planter chaque jour, brun pour sculpter ce qui sourd.

Tu me dirais le mauve, le mauve sans orgueil, le mauve si lilas, celui où s'enchante le soir quand bleuit le couchant, celui qui veine ma parole, refusant de crier, buvant tous nos péchés, le mauve fleur de souci et fleur d'abandon, mauve de l'ancolie et de la violette, mauve iris et déraison, tu me dirais le mauve au creux de nos voix quand le blues est roi.

Tu me dirais l'orange et coulerait soudain le jus de nos envies, or plus ange qu'on ne croit, franche pulpe et franc matin, orange sanguine sur la chair du destin, orange feu, orange athlète, orange menuet que musique mandarine, tu me dirais l'orange, et j'aurais chaud, si chaud en moi de nos sucs emmiellés.

Tu me dirais le vert, l'amande de l'été que le plaisir gouverne, son paradis et sa source cachée, son Graal et sa lanterne, son regain, sa clairière doublée d'ombre, son vagin lumineux, sa langue souveraine, tu me dirais le vert, et poésie naîtrait de végétale attente et s'ouvriraient des yeux dans l'obscur des divans, tu me dirais le vert et j'entendrais le vent, tu me dirais le vert et je verrais l'envers, tu me dirais le vert et nous serions naissants.

Tu me dirais le noir, vois le noir qui nous escorte, vois le noir, son grain, son groin, son bois qui broie, vois le noir qui nous exporte, tu me dirais le noir quand descendre au charbon, c'est dire l'indicible, quand s'envolent, avec le jais, nos illusions meurtries, tu me dirais le noir lorsque partout se fangent la rue, le risque et le malaise, tu me dirais le noir pour nous sauver de la noirceur, pour nous sauver de la douleur, pour écrire simplement tout le sel de la vie.

Tu me dirais le beige, et le voici qui neige et le voici calèche de nos chevauchées, beige nuque et beige épaule, beige mûr pour le douillet, beige bouche de l'avril, beiges souliers de la petite enfance, tu me dirais le beige où rien ne ploie, où rien ne pèse, beige barque sur l'eau grège et frêle et reposée.

Tu me dirais le gris, le gris flanelle, le gris coton, celui qu'on plie comme un mouchoir, le gris sans pluie et sans chagrin, le gris vivant, le gris malin, fils de souris et d'Arlequin, tu me dirais le gris embusqué dans nos verts, sa pierre, sa taille, son ordonnance, sa lumineuse discrétion, sa page grisée d'émotions, tu me dirais la cendre de nos bénédictions, tu me dirais le gris intimement peuplé de nos hésitations.

2008-2009

BLANDINE MERLE

V. OU UN BARRAGE CONTRE L'ATLANTIQUE

I

En quittant son mari un matin pour un amour de jeunesse, une histoire pas finie, elle pensait sûrement qu'enfin cesseraient ses insomnies. Mais elles reprirent, plus virulentes, et avec la fatigue du corps le regret de soi.

II

Elle se demande souvent pourquoi elle n'a jamais réussi à habiter dans leur maison des bords de Loire enfin restaurée, alors qu'elle avait bien su s'accommoder d'un plancher durant toutes les années qu'avaient duré les interminables travaux.

Peut-être que ses désirs, laissés dans un placard pendant tout ce temps, n'étaient plus à sa taille.

III

Elle a beau parler des vacances qui arrivent, de la voiture qu'il va falloir changer, tous ces mots ne sont dans sa bouche qu'un barrage qui arrête au bord de ses yeux l'océan de larmes qui remonte depuis sa gorge.

IV

Son visage tendu laisse entrevoir, juste sous la peau – presque sous nos pieds – l'effervescence de la douleur en travail, devant laquelle on reste comme à l'entrée d'un temple devant la statue colossale d'un dieu.

V

Un mois à peine a suffi pour les travaux de l'appartement dans lequel elle habite aujourd'hui.

Les murs selon les pièces sont jaunes, rouges ou verts
– jetés là comme pour arrêter des flots.

JACQUES ROUBAUD

QUELQUES SONNETS

1. VITEZ

Cheveux noirs, regard brun, traits coupés au couteau
Le sourire du chat, ne montrant pas ses dents
Pas de chaleur, pas d'émotion, ombre portée
Double, à grand froid, comme un rasoir sifflant l'espace.

Janséniste baroque et modeste d'orgueil,
À cinquante ans ! jouant Faust nu, diogénique
Sort d'une malle, étonne, choque, puis convainc
Occupant le plateau investi de son pas.

Tenant les vers immensément serrés, distincts,
Médités (de Maïakovski contre Aragon)
Rafales de la voix et diction de l'esprit.

Tout d'intellect, insensuel, insaisissable
Il savait ne laisser personne indifférent
Au total un génie étrange, saisissant.

2. DUEL. sonnet voilé *

Pour parler il s'était approché du bar
Dehors une mouette errait dans la mare
Entre usines et vieilles maisons et gare
« Quoi ! Tu as osé te moquer de mon dard ! »

Il gesticulait, plus rouge qu'un homard
« Je crache sur ta tête et ton âme d'âne »
Il tremblait courbé comme une rose fane
Et l'autre répondit : « Tire-toi, gros lard ! »

Le soir prend le soleil, le roule, le cale
La lune dans le ciel apparaît haut, pâle,
Le baron et le duc (chacun veut son dû)

Crient : « Vengeance ! » « Mourez ! » Leur parole est lasse
Enfin surexcités par leur discours cru
Ils se battent. La mouette reste en place

* *La contrainte a été inventée par François Caradec.*

Le sonnet dévoilé

Pour parler il s'était approché du baron
Dehors une mouette errait dans la marée
Entre usines et vieilles maisons, égarée
« Quoi ! Tu as osé te moquer de mon daron ! »

Il gesticulait, plus rouge qu'un homard, rond
« Je crache sur ta tête et ton âme damnée »
Il tremblait courbé comme une rose fanée
Et l'autre répondit : « Tire-toi, gros larron ! »

Le soir prend le soleil, le roule, le câline
La lune dans le ciel apparaît opaline,
Le baron et le duc (chacun veut son duel)

Crient : « Vengeance ! » « Mourez ! » Leur parole est l'acide
Enfin surexcités par leur discours cruel
Ils se battent. La mouette restant placide

3. SONNET ROSENSTIEHLIEN *

Posons sur le papier l'exercice oulipien
Que Pierre Rosenstiehl proposa (par caprice ?)
Que Pierre Rosenstiehl proposa (par malice ?)
Lors d'une réunion, je m'en souviens très bien

Lors d'une réunion, très bien je m'en souviens
(Malice ?) il en parla : mystère ! maléfice !
Posons sur le papier l'oulipien exercice
(Caprice ?) il en parla : sévère, sibyllin

Maléfice inquiétant ! casse-tête ! mystère
Inquiétant, sibyllin, casse-tête sévère !
Théorème ? ou Sonnet ? bonnet blanc, blanc bonnet

La fin vient ; vient la fin. Poème ? ou Théorème ?
Chaque mot est présent deux fois dans ce poème
Chaque mot est présent deux fois dans ce sonnet

* *La contrainte, qu'explicite le poème, est due à Pierre Rosensthiel.*

4. SONNET IMITÉ DU SICILIEN

Sur la forme du sonnet même

Ma strophe a son secret, mon vers a son mystère :
Un potentiel immense en un moment conçu.
Le plagiat menaçait, aussi j'ai dû le taire,
Celle qui m'inspirait n'en a jamais rien su.

Hélas ! j'aurai été par elle inaperçu,
Travaillant à sa gloire et pourtant solitaire,
Et j'aurai fait mon temps de poète sur terre,
Espérant quelque prix mais n'ayant rien reçu.

Ma langue, quoique Dieu l'ait faite douce et tendre,
S'en va sur son chemin, distraite, sans entendre
Le chant de la contrainte élevé sur ses pas ;

À la banalité pieusement fidèle ;
Elle dira, lisant ces vers tout remplis d'elle :
« Quelle est donc cette forme ? » et ne comprendra pas.

Variation, encore une, sur le fameux Sonnet d'Arvers.

5. HOMMAGE À ALPHONSE ALLAIS, I

LE CŒLACANTHE

On l'avait cru fossile et voilà qu'il vivait,
Seul, dans la profondeur sombre, mais océane !
Von Humboldt le voyant se tape sur le crâne
Et s'exclame : 'c'est lui !' (car il le reconnaît)

Vraiment, pour en douter il faudrait être un âne :
Des ans, plus d'un million, dans ces eaux il allait,
Près de l'Inde et de père en fils il persistait
Dans son être, sachant le changement insane.

On fait un aquarium rempli d'une eau de mer
Excellente pour ce poisson du gouffre amer,
En Prusse-Orientale. À le voir on invite

Le vieux maître. Il s'en vient, toussotant, claudiquant,
Fixe-chaussette en place. Il est myope, il hésite,
« Allons ! Montrez-le moi ! » « Mais voyons, **c'est là, Kant** ! »

6. HOMMAGE À ALPHONSE ALLAIS, 2

UN FÉLIN

Du Minnesota ce félin
Est d'apparence singulière
Son crâne est nu comme la pierre
Sa peau plus douce que le lin

Sa moustache est d'un fil très fin
Couleur de miel ou de poussière
À moins que ce soit de gruyère
Quand il dort, c'est dans un couffin

Le Mississippi sur son bord
Le voit passer, l'air désinvolte
Armé d'un poignard et d'un colt

Ses griffes griffent, son croc mord
Moineaux naïfs et sans malice
Craignez le MINET À PEAU LISSE

7. HOMMAGE À ALPHONSE ALLAIS, 3

UN KHAN

Il avait mis à feu la Perse et la City
Empalé tous les Turcs, mis à sac Andrinople,
De la pointe du Raz jusqu'à Constantinople
Il avait fait des Huns de la chair à pâté

Sa cuirasse était d'or mâtiné de sinople,
Plus fort que le Gengis, qu'Attila plus pressé
Il chevauchait debout avec un col cassé,
De tous les conquérants c'était le plus "people"

Un jour, hélas, ce fut la révolution.
Ses propres généraux lui criaient : « Démission ! »
Il ne put éviter la mort que par la fuite.

Il traversa la mer et tomba dans un trou
Perdu. Pensez donc : "l'Australie !" Or, aujourd'hui, l'élite
Des dames de Sydney aime le KHAN GOUROU

8. sonnet isocèle

L'haleine des zéphyrs douce comme la laine
Décime, du glacier qui descend d'une cime
À Nîmes, le soleil que le printemps anime
De l'arène reçoit le salut de la reine

La rime s'agglutine à tout mot qui l'arrime
Amène le ton dur comme le ton amène
Ma scène ainsi s'emplit de dames damascènes
Solyme apparaissant donne sa chance aux limes

Isocèle, un sonnet livre la brise au sel
Pastel est mon décor, le mont qui n'est pas tel
Cache miraculeux un ciel de cachemire

J'emmêle en mes pensées les oiseaux et les gemmes
Thélème ? ou bien l'Enfer ? conclusion de tes lemmes
Délire, ô souvenir, chef d'orchestre des lyres

9. sonnet en émirs

C'était un grand as du vélo
Il ne faisait jamais d'épate
Mais il remportait mainte étape
En s'échappant au pied d'un col

Hélas (je sais, c'est du mélo)
Un jour, lisant Milarepa
Il chut à Châteauneuf du Pape
Honteux il sombra dans l'alcool

Il voulut se donner la mort
Par noyade sous le maelström
Mais le tourbillon l'écartant

Il laissa sans cérémonie
Nouvel Empédocle son frein
Au bord du cratère d'Etna

10. (Sonnet 1) - **Seonnt 1**

(comme l'ont des chercheurs de Cambridge prouvé)
CMOME L'ONT DES CRHUEERHCS DE CGADMIBRE PVRUOÉ
(par de la réflexion et beaucoup d'expériences)
PAR DE LA ROEIFXLEN ET BUEOACUP D'EEXCPNÉERIS
(il importe très peu qu'en un mot soit brouillé)
IL ITMRPOE TRES PEU QU'EN UN MOT SIOT BLRLOIUÉ
(l'ordre des lettres pourvu qu'elles soient présentes)
L'ORRDE DES LEERTTS PVORUU QU'ELELS SNOEIT PERTÉNSES

(dans leur mot et surtout que restent inchangées)
DNAS LUER MOT ET SUUORTT QUE RNEESTT IENÉCGHNAS
(la place de la première et de la dernière)
LA PCLAE DE LA PRRÉEIME ET DE LA DREÈRINE
(lettre. Si ces conditions sont vérifiées)
LRETTE. SI CES CNOONIDTIS SNOT VIIFSEÉÉR
(on peut sans trop d'efforts lire une phrase entière)
ON PUET SNAS TORP D'ETFRFOS LRIE UNE PSHARE ERNÈITE

(tels si je les en crois sont les faits. La raison)
TLES SI JE LES EN CIROS SNOT LES FTAIS. LA ROASIN
(en serait que notre œil saisit globalement)
EN SIEART QUE NROTE OIEL SIASIT GNLEOMBEALT
(tout mot. Sans l'épeler notre esprit l'appréhende.)
TUOT MOT. SNAS L'ÉEPLER NROTE EISRPT L'ADPNPERHÉE

(comme un tout. Il n'a pas d'autre renseignement)
CMOME UN TUOT. IL N'A PAS D'ARUTE RNEENMSEENIGT
(besoin pour déchiffrer le sens, pour qu'il le rende)
BIEOSN PUOR DEÉRCFHFIR LE SNES, PUOR QU'IL LE RDENE
(clair. Il s'agit d'une subitisation)
CILAR. IL S'AIGT D'UNE SOUIBTIATSIN

II. (SONNET DEUX) - **SEONNT DUEX**

(le sonnet précédent écrit sous la contrainte)
LE SEONNT PNREÉDCÉT ÉICRT SUOS LA CTONNITARE
(qu'il expose (premier principe de Roubaud))
QU'IL ESXOPE (PERIEMR PPRIICNE DE RUOAUBD
(n'apporte qu'un soutien très partiel à Cambridge)
N'ATPRPOE QU'UN SEOIUTN TÈRS PEAIRTL À CGADMIBRE
(par subitisation j'entends le phénomène)
PAR SOUIBTIATSIN J'EDNNTES LE PNHÈÉMNOE
(suivant : on peut répondre à la question « combien? »)
SNUAIVT : ON PUET RRÉDPNOE À LA QOUIETSN « CEOIMBN? »
(pour un groupe d'objets présentés au regard)
PUOR UN GPRUOE D'OTBEJS PÉRTÉNSES AU RREAGD
(si leur disposition n'est pas trop chaotique)
SI LUER DOIISTPIOSN N'EST PAS TORP CUHQAIOTE
(sur-le-champ, sans avoir besoin de les compter)
SUR-LE-CMHAP, SNAS AIVOR BIEOSN DE LES CEOTMPR
(ils ne doivent pas être trop nombreux : cinq, six)
ILQ NE DNOEIVT PAS ÊERTE TORP NUOEMRBX : CNIQ, SIX,
(pas plus : limite généralement admise)
PAS PULS : LTIIME GNÉENMREALT ASDIME
(si l'intérieur d'un mot a plus de quatre lettres)
SI L'IUIENITRÉR A PULS DE QRUTAE LEERTTS
(il sera plutôt difficile de trouver)
IL SREA PÔLTUT DLIIFCFIE DE TERVOUR
(quel il est, particulièrement quand on fait)
QEUL IL EST, PNAERMTEIRCÈUILT QNUAD ON FIAT
(tourner les lettres intérieures selon la)
TEONURR LES LEERTTS IENRTUREIS SOELN LA

(permutation très brouillante de la n-ine)
POEIRTMAUTN TÈRS BTRNOAULILE DE LA N-INE

ESTHER TELLERMANN

VOIX À RAYURES

Oiseaux pénètrent
vos yeux dessillés
y posent
  un soleil fixe
et l'attente
  non
  le cyprès blanc
toi encore
voûte de cristal
et sillages
des îlots déportés
  œil-arche

j'y grave
une forme de mémoire.

j'emportais vos marées
    silencieuses   votre
    boîte à voir   afin que
vous dormiez   trouviez
    asile
mer plus intime
gravée aux parois
    votre réponse
à l'écart et dedans
une fosse animale

j'ai lu ta paume
dans les cartes battues.

Cités de givre surgies
des herbes bleues
de la lourdeur des nuits
trop loin de Smyrne
épuisent les fardeaux.
D'eux jaillissent
    les peaux de cire
Tristia sur les acropoles.
J'ai supposé vos neiges
"une langue de mort".

Vous entre les poteaux
je vous insuffle
  ma boue
  davantage
noms comme nourriture
lueur de la lettre
  sous la peau
  braise tu devins
  visible
    noir
je t'ai vu marcher
dans la figure
la fièvre
    d'une nuit suspendue.

Quand s'éclaire
    l'ambre
plus réels sont
les cols franchis
les menaces
    des plaques
        d'éternité
beauté trop haute
    5 cordes
vibrant
d'une mort à l'autre
    et peurs
comme paquets de lapis.
S'enfonce la seconde
dans un temps non compté
    navigue   navigue
la sagesse.

Entaillent les eaux glissantes
orages
à pic
défaille l'éclat
oscille un corps un
accueil
émeut l'image

nous nous fîmes nasse
dans le fond des aurores.

Sans toi s'éteint
le jaspe
s'assombrit
l'ammonite
mais j'ai gardé le sucre
dans la
boîte à voir
monde penché
sur l'homme.
Entre toi j'ai ouvert
l'arche
et le berceau
je sais tu me laissas
à contre-jour des embouchures.

Forêts d'une Europe
    blanchie
brûlent
découvrent les cratères
voix en dessus
et en dessous
des landes-étincelles.
J'ouvre ma machine
    à voir
viennent les filets
jetés sur les troupeaux
    noyés
    des caps
            chaux vive.

Sur le bord du cristal des
        nuits
    suspendues
je vis   la courbure de
    l'océan
nuque   souffle
    la racine-
syllabe
    un méridien.
Sur les terres rases
j'ai supposé les meutes
toi encordé à moi
dans le même chagrin.

Tu ne pouvais dé-
lire
les montagnes
de l'enfance   dérivaient
    en amont
    ne pouvais

quoi sous la roche ne
    sait mourir ?
Vous m'appreniez
    l'âme-étincelle
cri et floraison
j'entrais   en dedans
    ne pouvais
dé-lire
votre fugue

sons rincés sur le bord
    du sommeil.

NOTICES SUR LES POÈTES

MAX ALHAU (p. 21)

Né à Paris l'antépénultième jour de 1936, Max Alhau, poète, nouvelliste et traducteur de l'espagnol (Porfirio Mamani-Macedo, Mario Campaña,...) a été enseignant de Lettres modernes et chargé de mission pour la poésie à l'université de Paris X. Il collabore aux revues *Autre Sud, Europe, La N.R.F* ou *Aujourd'hui Poème*, et figure notamment dans les anthologies *L'Année poétique* 2008 (Seghers, 2008) et *Il faudra que je me coupe les doigts* (*Voix d'encre*, 2000). Parmi une vingtaine de recueils de poèmes et proses poétiques, on citera : *Trajectoire du vent* (Brandes, 1979) ; *L'Instant d'après* (Brandes, 1986) ; *Ici peut-être* (Rougerie, 1987) ; *L'Inaccompli* (Sud, 1989) ; *D'un pays riverain* (Rougerie, 1990) ; *Sous le sceau du silence* (Rougerie, 1995, Prix Antonin Artaud) ; *Le fleuve détourné* (L'Arbre à paroles, 1998) ; *Cette couleur qui impatiente les pierres* (Voix d'encre, 1998) ; *À la nuit montante* (Voix d'encre, 2002) ; *Horizons et autres lieux* (Encres Vives, 2004) ; *Proximité des lointains* (L'Arbre à paroles, 2006) ; *Un éclair furtif* (La Porte, 2007) ; *D'asile en exil* (Voix d'encre, 2007). Auxquels il faut joindre cinq recueils de nouvelles : *Le chemin de fer de petite ceinture* (Le Temps qu'il fait, 1986) ; *La Ville en crue* (Amiot-Lenganey, 1991, Grand Prix SGDL de la nouvelle) ; *La falconnière* (Éditinter, 2000) ; *Une ville soudain désertée* (Éditinter, 2004) ; *L'état de grâce* (Petit Pavé, 2009), ainsi qu'un beau portrait de ville : *Retour à Lisbonne* (Tertium, 2007, collection Pays d'encre) et une évocation d'*Alain Borne* (Subervie, 1976). Dans cette œuvre abondante et diverse se font entendre une résonance unique, un accent singulier, le souci du mot juste, du langage dense. Nul bavardage ici :

Éclair tailladant le ciel, mot griffant la page,
c'est la même fugacité, la même force.

PROXIMITÉ DES LOINTAINS (2006)

Une conscience aiguë de la fragilité de notre condition interdit tout optimisme, même si ce qui est détruit persistera, peut-être, dans le miracle d'un instant intemporel.

S'il se retourne,
son regard fera naufrage,
engloutissant des îles que l'enfance
n'avait jamais désertées.

D'ASILE EN EXIL (2007)

De ce « maître du poème en prose », d'après le poète belge André Doms, nous publions, peut-être par esprit de contradiction, cinq courts poèmes en vers libres, regroupés sous le titre *Une part d'inconnu*. Quelle part, et de quel inconnu ? Italo Calvino fixait à chacun de nous ce devoir : « Trouver ce qui, dans l'enfer que nous vivons, n'est pas l'enfer, et le faire durer, lui faire de la place. » Même défi dans ces poèmes : il s'agit de ne pas se résigner, de ne pas s'habituer à l'exil, ne pas accepter de rester interdit de réalité sans pour autant céder aux illusions du quotidien, de se vouloir « séparé » (suivant la belle expression de Montherlant), de se mettre en route « pour arracher à coup sûr/ quelques feuilles d'un arbre/ incendié de printemps ». Mais comment mettre en œuvre ce refus, ce choix que l'on pourrait qualifier d'éthique ? Peut-être en ne cédant pas aux illusions du présent, en discernant dans les brumes du quotidien une autre réalité temporelle. « Il y a un autre monde, mais il est dans celui-ci », disait Éluard. Max Alhau nous invite à chercher, obstinément, ce qui résiste à la dissolution universelle : « ton regard s'éprend d'un temps/ désormais à l'abri de celui que tu mesures ». Cette *part d'inconnu*, elle est à portée de main, elle est atteignable – au prix, cependant, d'une inévitable lassitude : « Les mots, les paroles/ défaillent à ce jeu ».

P. M.

PASCAL BOULANGER (p. 26)

Né en 1957, Pascal Boulanger est bibliothécaire en région parisienne. Il ne sépare pas son travail d'écriture d'une interrogation sans complaisance du champ poétique contemporain – qui, pour lui, n'exclut pas la prose. Il a donc alterné les publications de textes poétiques dans les revues *Action poétique, Le Nouveau Recueil, Petite, Po&sie, Rehauts* et celles de textes critiques dans *Action poétique, Artpress, Le Cahier critique de poésie, Europe, Formes poétiques contemporaines* et *La Polygraphe*. Parmi les études qui lui ont été consacrées, on citera celles de Gérard Noiret dans des numéros de *La Quinzaine Littéraire*, de Claude Adelen dans *Action poétique*, d'Emmanuel Laugier dans *Le Matricule des anges*, de Bruno Cany dans *La Polygraphe*, de Serge Martin dans *Europe*, de Nathalie Riera sur le site *Les Carnets d'Eucharis*, ainsi qu'une analyse formelle de Jean-François Puff (sur le recueil *Tacite*) dans *Formes poétiques contemporaines*. Plusieurs de ses textes ont été traduits en allemand et en croate. Son étude historique et critique, accompagnée d'une anthologie de la revue *Action poétique* (*Une Action poétique de 1950 à aujourd'hui*, Flammarion, 1998) a suscité bien des débats mais fait aujourd'hui référence. Son dernier recueil, *Un ciel ouvert en toute saison*, est paru en 2010 aux éditions du Corridor bleu. Parmi ses autres publications : *Septembre, déjà* (Messidor, 1991) ; *Martingale* (Flammarion, 1995) ; *Le bel aujourd'hui* (Tarabuste, 1999) ; *Tacite* (Flammarion, 2001) ; *Le Corps certain* (Comp'Act, 2001) ; *L'Émotion L'Émeute* (Tarabuste, 2003) ; *Jongleur* (Comp'Act, 2005) ; *Suspendu au récit... la question du nihilisme* (Comp'Act, 2006) ; *Fusées et paperoles* (L'Act Mem, 2008) ; *Jamais ne dors* (Corridor bleu, 2008) ; *Cherchant ce que je sais déjà* (L'Amandier, 2009) ; *L'Échappée belle* (Wigwam, 2009).

En ces temps d'identité nationale, il est à la fois rassurant et stimulant de lire : « L'important n'est pas de qui nous sommes nés, mais pour qui ». C'est l'un des 48 « aphorismes » (mais jamais l'étymologie de ce mot n'a été moins justifiée, nous sommes ici dans une exploration profonde) de Pascal Boulanger que nous publions, sous le titre *L'Échappée belle, deuxième séquence* (un premier ensemble a en effet paru en 2009 chez les excellentes éditions Wigwam – dont le catalogue réservera bien d'heureuses surprises aux futurs curieux d'écritures poétiques du début du XXIe siècle). À ces aphorismes il faut ajouter la citation de Lautréamont, extraite de *Poésies II* : « Je ne connais pas d'autre grâce que celle d'être né. Un esprit impartial la trouve complète. » (laquelle évoque irrésistiblement la phrase de Giono : « Le monde est une source au bord de notre chemin. Celui qui ne boira pas sera damné pour l'éternité. Celui qui boira aura accompli sa tâche. »). Quarante neuf étapes donc, pour ce qui peut sembler au premier abord une continuation des *Poésies* d'Isidore Ducasse, comte de Lautréamont. Mais cette influence, s'il y en a une, se dissipe bien vite. Certaines de ces phrases ducassiennes voisinent avec les visions de William Blake, d'autres rappellent les fulgurances nietzschéennes (un Nietzsche qui ne se résignerait pas à la mort de Dieu), les fragments de Pascal, les apologues zen, les marmoréennes confidences de René Char, les désespérances ciselées de Cioran (avec parfois un humour très discret, comme la reprise de l'orgueilleuse épitaphe de Nikos Kazantzàkis, ici attribuée à Dieu). N'ayons crainte : Pascal Boulanger ne succombera pas sous le poids de ces comparaisons. Sa voix est unique, terriblement singulière. Elle nous convoque à un impitoyable tribunal, elle porte en elle cet appel que nous entendons tous et que presque tous nous choisissons d'ignorer. Un appel vers les puissances de la vie, la richesse infinie du présent, le nouveau ciel et la terre nouvelle qui nous environnent sans que nous osions les voir. Une affirmation absolue (et l'on retrouve Nietzsche, son « éternel retour ») : « Dieu ne dit jamais que oui ». Le dernier mot de ce voyage initiatique en quarante neuf stations est « poésie ». Pouvait-il en être autrement ? Il clôt une séduisante (on devrait dire « évidente ») énumération (programmatique ?) d'arts premiers, de disciplines fondamentales, nouveaux trivium et quadrivium d'une éducation idéale, que l'on ne résiste pas au plaisir de citer : « Calligraphie, musique, mathématiques, médecine, astronomie, tir à l'arc, lance, sabre, combat à mains nues, art des fortifications, équitation, nage, cérémonie du thé, versification improvisée, chasse, poésie ».

P. M.

PAUL DE BRANCION (p. 32)

Né en 1951, Paul de Brancion a longtemps vécu en Scandinavie. Il partage aujourd'hui son temps entre Paris et Nantes, où il organise les *Rendez-vous du bois chevalier* (http://www.rendez-vous-du-bois-chevalier.com), rencontres annuelles consacrées à la littérature et la poésie. Professeur de linguistique et de philologie romane, romancier et poète, rédacteur en chef de la revue *Sarrazine* (http://www.sarrazine.com), il participe régulièrement à des projets artistiques transversaux, notamment avec des compositeurs de musique contemporaine (Thierry Pécou, Jean-Louis Petit, Gilles Cagnard, Nicolas Prost...). Il est l'auteur de trois romans : *Le Château des étoiles, étrange histoire de Tycho Brahé, astronome et grand seigneur* (Liana Lévi, 1985 et Phébus, 2005, traduit en plusieurs langues) ; *L'Enfant de Cederfeld* (Albin Michel, 1991) ; *Le Lit d'Alexandre* (A Contrario, 2004) et de cinq recueils de poèmes : *Vent contraire* (Dumerchez, 2003) ; *Le Marcheur de l'oubli* (Lanskine, 2006) ; *Tu-rare* (Lanskine, 2008) ; *Alors... musique* (Nu/e, 2008) ; *Temps mort* (Lanskine, 2010). Il figure dans l'anthologie *L'Année poétique 2009* (Seghers, 2009). Son site : http://www.brancion.eu/

L'adéquation au tracé du soleil, l'attention délicate à ce monde n'ont pas disparu simplement ils ne souhaitent plus répondre à l'appel.
Car les criants les ont trop souvent bafoués.

TU-RARE (2008)

Une philosophie discrète sous-tend et nourrit ses poèmes, une interrogation constante, parfois inquiète, souvent ironique, comme un sourire en demi-teinte, une patience qui n'est pas, ne sera jamais résignation. Le temps, l'usure, l'érosion, la maladie, la mort sont opiniâtrement creusés, sans avoir l'air d'y toucher – mais sans accepter les alibis, ni les dérobades.

Pas d'oripeaux nomades, pas de vieux pièges à grimaces, les interrogations sont requises.

TEMPS MORT (2010)

« Je suis resté dix-neuf ans à la maison », nous prévient le narrateur du poème prosaïque « Repas de famille » que nous publions. Une écriture rythmée, proche du vers libre, avec de fréquents retours à la ligne pour dire le retour sur soi, les réminiscences amères comme des renvois de bile, pour dire l'imbécile quotidienneté des rituels domestiques. Les injonctions des adultes scandent cette évocation, en alternance avec le monologue de l'enfant, ses appétits mêlés de crainte, un monologue transcrit bien des années plus tard, sans nulle nostalgie mais avec une ironie tendre, comme par un Jules Renard qui nous livrerait un Poil de Carotte apaisé (et peut-être encore plus cruel), ou un Jules Vallès qui ferait la part des choses : « [...] manger, c'est tout de même pas mal. » La madeleine proustienne est ici nettement plus consistante, elle devient « soupe », « riz aux rognons », « rôti ou entrecôtes grasses », « boudin », « restes de dimanche ». Mais aussi, mais surtout, elle ressuscite le regard terrible des parents, leurs ordres, leurs reproches, ces règles de vie, normes de politesse sans cesse ressassées, conventions sociales que l'enfant honteux doit (aurait dû depuis longtemps !) faire siennes, première étape de cette aliénation de chaque instant que deviendra sa vie. Guérit-on de son enfance ? Pas vraiment, semble nous dire Paul de Brancion, ou jamais complètement. Et les repas que nous prenons maintenant, adultes, sont comme reliés à ces instants délicieux et terribles, à ces repas qui rythmaient notre enfance, sans pour autant lui donner sens. « On ne vieillit pas à table, l'heure ne bouge plus. On ne vieillit pas à table, on vieillit avant et après. »

P. M.

LOÏC BRAUNSTEIN (p. 36)

Loïc Braunstein est né à Senlis en 1983. Après une licence de Lettres modernes à Lille puis à Rennes, il poursuit ses études à Paris. Animateur d'atelier d'écriture depuis plusieurs années avec l'association « Le Styloblique » dont il est le fondateur, il s'intéresse à la poésie contemporaine et au slam-poésie, croisant les expériences et les projets collectifs, autour de l'oralité, de la mise en scène et de l'écriture. En 2009, il obtient le prix de l'UFR de Langue française au concours international de poésie de la Sorbonne.

Donner à voir. Voilà tout l'enjeu des poèmes ici proposés de Loïc Braunstein. Au-delà du sens métapoétique que l'on peut lire dans la nomination des poèmes comme « interstices » pouvant désigner le blanc entre les vers, mais aussi les vers entre les blancs qui forment une ouverture matérielle vers un ailleurs, le lecteur est invité à une vision partielle et partiale du réel. Le poème devient un interstice par où voir le monde, à travers un double regard, celui du poète dont « [l]a vue/ peu à peu/ s'est resserrée autour/ d'un point unique d'abrutissement » et celui du lecteur qui, en parcourant les interstices comme autant de paliers, d'étapes dans la vision, entre plus profondément dans un rapport au monde qui, pour être quelque peu angoissant – en avançant dans les interstices, l'étau a tendance à se resserrer sur le « je » qui doit « écarter » les « murs qui se dressent » –, n'en est pas moins lumineux – les interstices sont comme le « carreau déformé de la fenêtre ». C'est tout le paradoxe du « puits de douleur et de lumière » qui se « creuse » dans ces poèmes. Mais si le « mur » à travers lequel il est le plus difficile de voir clair semble être la pensée (*Douzième interstice*), le langage, la poésie possède ici, comme parfois chez Michaux, quelque chose de magique qui donne, au-delà de la vision qui permet d'échapper momentanément à la pensée, un pouvoir sur le monde, un pouvoir de transformation, quand bien même celui-ci resterait certainement du domaine de l'imagination : « la ville ondule et se découpe/ selon ma volonté ».

B.D.

VIRGINIE BROUSSE (p. 41)

Virginie Brousse est née en 1981. Après des études de philosophie, elle enseigne les lettres dans la banlieue parisienne. Elle a été lauréate du concours de poésie de l'IUFM de Paris en 2008, avec des poèmes qui ont paru dans la plaquette *Le Printemps des Poètes à l'IUFM de l'académie de Paris*, 2008. Ses auteurs favoris : Proust, Larbaud, Apollinaire, Jammes, Prévert, Salinger et, parmi les contemporains, Pascal Quignard et William Cliff.

Ces quatre poèmes sont d'une étonnante maturité. Il en faut pour préférer, comme le fait leur jeune auteure, une chute qu'on pourrait qualifier de déceptive, tant elle est retenue et mate, comme « Et les autos. » (« Ami longeons le cimetière »), ou suspendue : « Et que le vent fait trembler. » (« Monsieur Cloche »). Le texte « Le lit de campagne est si haut » est particulièrement remarquable, avec sa tonalité où l'étrangeté trame et corrige la mélancolie. C'est une miniature allégorique, d'autant plus envoûtante que l'objet de l'allégorie se dérobe : cela a tout à la fois la nécessité et l'opacité d'un monde, autre. On dirait du Jean Follain, ce qui n'est pas peu dire. La marque d'un vrai talent est là, multiple. Il en faut pour atteindre d'un coup à ce « une dure palissade de rire » (« Monsieur Cloche ») et plus encore à ce « les coques primitives dans ses ongles » (« Navigation ») qui s'affranchissent souverainement du sens, tout en imposant une sorte d'évidence magique.

L.F.

WILLIAM CLIFF (p. 44)

William Cliff (pseudonyme d'André Imberecht), poète belge né en 1940, est l'auteur d'une quinzaine de livres de poésie, depuis *Homo sum* (Gallimard, 1973) jusqu'aux deux derniers en date, *Immense existence* (Gallimard, 2007) et *Épopées* (La Table Ronde, 2008). Il est également l'auteur de cinq romans à forte teneur autobiographique (le dernier, *U. S. A. 1976*, a paru à La Table Ronde en 2010). Son *Autobiographie* en cent sonnets (La Différence, 1993), récemment rééditée (suivie de *Conrad Detrez*, La Table Ronde, 2010), est particulièrement représentative de sa manière foncièrement originale qui associe à une sorte de virtuosité de la forme, hirsute et dédaigneuse, un réalisme lyrique implacable, affamé et fiévreux. Dans sa farouche singularité, William Cliff est certainement un des poètes de langue française les plus importants d'aujourd'hui. Il a reçu en 2007 le Grand Prix de poésie de l'Académie française pour l'ensemble de son œuvre poétique.

Ces deux poèmes sont exemplaires de l'art inimitable de William Cliff, avec notamment leurs formules qui d'abord semblent gauchement approximatives, comme « jusqu'à l'obscurité du jour », « [...] je perdais/ toute consistance de corps », ou encore « noirci par la longueur du temps » (« Une magie »), mais dont on sent très vite qu'elles sont telles qu'elles découpent et saisissent quelque chose de précieusement fragile dans l'innommable réel. Sa dernière strophe (« et aimer la simplicité/ de cet homme qui a chanté *[etc.]* »)

fait de « Une magie » un art poétique, en ce que son propos s'applique aussi et surtout à l'auteur : cette façon qu'il a d'« enchant*[er]* » la blessante disharmonie des rapports entre les êtres par « la magie » d'une forme qui ménage en elle assez de suave discordance pour ne pas perdre son objet en chemin. « L'Abîme » renouvelle un topos littéraire : la vie humaine est un éphémère intermède entre deux abîmes, en le mettant, précisément, *en abyme* : entre les deux occurrences du refrain, aux deux extrémités du texte, le petit récit d'un prosaïsme heurté mime cette « sublime » tentative pour incarner du sens entre naissance et mort. À lire ce poème, on se dit que Cliff pourrait bien être, paradoxalement, le dernier moraliste comme Glenn Gould fut « le dernier puritain ».

L. F.

ARIANE DREYFUS (p. 48)

Née en 1958, professeur agrégée de lettres modernes, Ariane Dreyfus vit en région parisienne. Elle a publié douze recueils de poèmes : *La Terre voudrait recommencer* (Flammarion, 2010) ; *Iris, c'est votre bleu* (Le Castor Astral, 2008) ; *L'Inhabitable* (Flammarion, 2006) ; *La Bouche de quelqu'un* (Tarabuste, 2003) ; *La belle vitesse* (Dé Bleu, « Le Farfadet bleu », 2002) ; *Les Compagnies silencieuses* (Flammarion, 2001) ; *Quelques branches vivantes* (Flammarion, 2001) ; *Une histoire passera ici* (Flammarion, 1999) ; *La Durée des plantes* (Tarabuste, 1998) ; *Les Miettes de Décembre* (Dé bleu, 1997) ; *Un visage effacé* (Tarabuste, 1995) ; *L'Amour 1* (Éditions De, 1993). De nombreuses anthologies l'ont accueillie : *Couleurs femmes* (Castor astral, 2010) ; *L'Année poétique 2009* (Seghers, 2009) ; *À poèmes ouverts* (Points, 2008) ; *L'Année poétique 2007* (Seghers, 2007) ; *La Poésie française contemporaine* (Cherche-Midi, 2004) ; *Ce que disent les mots* (Éclats d'encre, 2004) ; *Poèmes à dire la francophonie* (Castor astral, 2002) ; *Poé/tri : 40 voix de poésie contemporaine* (Autrement, 2001) ; *Poète toi-même* (Castor astral, 2000). Elle publie régulièrement des textes et poèmes en revues (*Action Poétique, Aires, ARPA, Banana Split, ...*). Un « ton » immédiatement reconnaissable, une cadence laissant toute sa place au silence (et les pauses en deviennent étrangement signifiantes), un lexique allusif, une sensualité en demi-teinte : l'écriture d'Ariane Dreyfus a fait d'elle, dès ses premières publications, l'une des figures majeures du paysage poétique contemporain.

Comme elle rentre est grande
« Maman, je rentre »
Croyant me donner sa joue, elle me frôle de ses [cheveux.
Là le sourire rattrape les cheveux relevés [du matin.
Des fenêtres décolletées entourent le haut nu des arbres à plusieurs degrés de branchies qui attendent de trembler dans le feu. Un regard.

LES MIETTES DE DÉCEMBRE
(DÉ BLEU, 1997)

Les quatre extraits du recueil inédit *Nous nous attendons*, dédiés au peintre-photographe Gérard Schlosser, dessinent une cartographie intime, reliant le corps (amoureux, offert, désirable-désirant) à un paysage deviné, à un horizon à portée de caresse, à des lointains que l'on devine proches, à « un morceau de nature », à « la courbe de la terre ». Dans ces évocations (de photos ? le mot est employé dans le dernier poème), microcosme et macrocosme se répondent dans l'innocence d'un matin, même si le froid ou « la ramure presque noire » accentuent les ombres de ces rendez-vous secrets. Il ne s'agit pas ici de décrire le travail du photographe mais de l'évoquer, au moyen de cette sorcellerie langagière que Baudelaire revendiqua et que Mallarmé poussa à l'extrême. Quelques vers suffisent à suggérer une noce entre « elle » et « il », une noce païenne unissant « deux tracés sur la colline » (Giono ou Pavese ne sont pas loin), une histoire de « ceinture ouverte », de nymphe vouée au bouc, un mythe au creux du quotidien le plus paisible, une rencontre dionysiaque, une histoire « noble et tragique » comme les aimait Apollinaire.

P. M.

ANTOINE EMAZ (p. 50)

Antoine Emaz est né en 1955. Auteur d'une œuvre poétique abondante, il vit à Angers, où il enseigne. Ses derniers livres parus : *Os*, Tarabuste, 2004, *K.-O.*, Inventaire-Invention, 2004, *Obstinément peindre* (peintures de Monique Tello), Le Temps qu'il fait, 2005, *De l'air*, Le Dé bleu, 2006, *Sur la fin*, Wigwam éditions, 2006, *Peau*, Tarabuste, 2008,

Cambouis, Seuil, 2009 (extraits de ses carnets), *Plaie*, Tarabuste, 2009, *Jours - Tage*, texte bilingue français-allemand, éd. En forêt / Verlag Im Wald, 2009. Une anthologie de ses textes a paru en « poche » : *Caisse claire*, Poèmes 1990-1997, Seuil, 2006. Emaz est également l'auteur d'un essai : *André du Bouchet, debout sur le vent*, Jean-Michel Place, 2003. Sa poésie témoigne de la plus haute et intraitable exigence. Intensément matérielle, elle travaille, patiente et obstinée, à corroder ce qui fait obstacle à la vie, sur tous les plans.

Cette séquence intitulée « Coup de barre » illustre pleinement la poésie d'Antoine Emaz. Dans son objet : la traversée d'une crise psychique ; sa tonalité, qu'on pourrait qualifier de *dépressive* ; son écriture : cette suite allant du vers isolé au groupe de six, vers ou groupes séparés par des blancs de plus en plus grands, vers brefs, voire très brefs, un seul mot parfois (« devant », « clac », etc.), phrases syncopées, lacunaires, souvent nominales, comme émises par un homme à la respiration oppressée, quasi coupée. On retrouve des thèmes fréquents chez l'auteur : l'obstacle qui « mure », « bloque », les matières où l'on s'enlise et s'englue (« sable », « gélatine »), et aussi cet emploi constant d'un « on » qui marque le vacillement d'une identité aux abois. Cette relation si douloureuse au « réel » a ceci de remarquable qu'elle est transposée non pas seulement dans le champ, mais dans le corps même du poème. Ce dernier en effet, « depuis l'aube » initiale – *alba*, la blanche : conversion préliminaire du réel en texte –, se constitue en « corps » (« la trame du corps vibre » ; or *texte* c'est, étymologiquement, *tissu*), un corps émacié, à bout de souffle, qui d'emblée enregistre et prend sur lui la souffrance du « on ». Puis – c'est le but de cette opération cathartique – son corps désagrégé de poème entre dans un « lent travail de modelage » pour faire « figure », *bonne figure* face à l'*oppression*, les mots vaille que vaille *donnant forme* à l'irrespirable « vide » auquel s'affronte le « on ». Ainsi l'« échec » devient-il jeu (d'échecs, cf. « pat »), il se rejoue sur nouveaux frais. Poème décharné : « cliquetis de mots » ou « chaînette d'osselets », il est ce « squelette » à quoi le monde inhumain réduit, à la limite, l'homme accablé. Mais corps cependant, ces « insectes morts noirs sur la page » (les mots) qui, d'autres poètes à leur discrète rescousse (Villon, « frères humains » ; Léo Ferré, « la mémoire *[et]* la mer », « presque dansent/ leur vide » : assomption et rédemption de la douleur, jusqu'au rétablissement final : « on n'a rien liquidé/ mais c'est parti ».

L. F.

EMMANUELLE FAVIER (p. 57)

Emmanuelle Favier est née en 1980. Elle a publié deux livres de poésie (*À chaque pas, une odeur*, Librairie-Galerie-Racine, 2001, et *Dans l'éclat des feuilles vives*, éditions de la Musaraigne, 2005) ainsi que de nombreux poèmes dans diverses revues *(Poésie 1, Arpa, Bacchanales, Lieux d'être, Multiples, Le Journal des poètes, L'Arbre à paroles, Sarrazine...)* ou anthologies. Elle a également fait paraître plusieurs articles critiques *(Poésie 1, Cahiers de théâtre/Jeu, Altermed...)*. Soucieuse de la transmission de sa poésie et de la rencontre des arts, elle est également comédienne et metteuse en scène, et depuis 2008 elle interprète ses propres textes avec le guitariste Fabien Montes dans le cadre du duo poético-musical « Proses électriques », qui se produit depuis régulièrement à Paris et en province. Elle a par ailleurs soutenu en 2006 une thèse sur les adaptations au théâtre de l'œuvre et de la vie de Rimbaud.

Emmanuelle Favier fait partie d'une jeune génération de poètes à la recherche d'un nouveau lyrisme, quelle que soit la façon dont il s'exprime. Dans ce qu'elle propose ici, le poème en prose est maîtrisé, les télescopages de mots créent des sensations subtiles et souvent dérangeantes. L'influence du Rimbaud des *Illuminations* se ressent dans les descriptions qui n'en sont pas réellement, les récits non narratifs, et dans des expressions telles que « l'éclatant silence », à l'intérieur d'un poème où il est question du « départ ». C'est une poésie du mouvement, à l'image du flux et du reflux marin. L'univers marin est d'ailleurs le décor de ces trois poèmes, mais dans ce qu'il a de remuant, pour les corps et les âmes, de noir aussi, comme le « sombre large », où l'on peut craindre, ou espérer, ou bien à la fois craindre et espérer, des « frayeurs espérantes ». Rejetant l'univoque, c'est ainsi qu'Emmanuelle Favier, dans ses poèmes, se place résolument à l'écart de l'attendu.

Ma. V.

ALAIN FREIXE (p. 59)

Né en 1946, Alain Freixe est enseignant et chargé de mission au Rectorat de l'Académie de Nice. Poète, il est également un infatigable défenseur de la poésie contemporaine : chroniqueur au journal *L'Humanité*, membre du comité de la revue *Friches*, directeur de publication de *Basilic* (gazette des éditions de l'Amourier), il anime l'association *Podio* aux côtés d'Yves Ughes et de Jean-Marie Barnaud. Cette association organise tous les ans, dans le cadre de la Bibliothèque Municipale de Grasse, un cycle de rencontres-conférences *Pourquoi des poètes ?* Alain Freixe est également vice-président du Centre *Joë Bousquet et son temps*, (Maison des mémoires, à Carcassonne). Parmi ses principaux recueils, on peut citer *Partage orphelin* (éd. de La Coïncidence, Guy Chambelland, 1981) ; *Ailes, quant à la détourne* (La Coïncidence, Guy Chambelland, 1982) ; *Où suffit la lumière* (Cahiers Froissart, 1989) ; *À jour perdu* (Encres Vives, 1995) ; *Comme des pas qui s'éloignent* (L'Amourier, 1999, Prix Louis Guillaume 2000) ; *Entre pierres et lumières* (La Porte, 2000) ; *Avant la nuit* (L'Amourier, 2003) ; *Pas une semaine sans Madame*, en collaboration avec Raphaël Monticelli et Jean-Jacques Laurent (L'Amourier, 2003) ; *Traces du temps*, sur des œuvres de Leonardo Rosa, en collaboration avec Bernard Noël (L'Amourier, 2003) ; *Villes, passages sombres du temps* précédé de *Sur le sombre* (La Porte, 2004) ; *Rappelez-vous*, écrit avec Yves Ughes (La Porte, 2006) ; *Dans les ramas* (L'Amourier, 2007). Il est également l'auteur d'essais sur les poètes Marcel Rovini (L'Amourier, 1999) et Gaston Puel (L'Amourier, 2003), d'entretiens avec Jean-Max Tixier (Autres Temps, 2008), et de *Voix du Basilic*, un recueil de vingt-huit entretiens réalisés au cours de ces dix dernières années, avec des auteurs comme Marcel Alocco, Daniel Biga, Michel Butor, Henri Maccheroni, Martin Winckler, ... (L'Amourier, 2008). Passeur, auteur : ces deux activités sont pour lui indissociables. Alain Freixe vit son écriture comme un acte de contrebande, un peu clandestin, éminemment subversif :

Toujours entre deux marches, deux plis de terre, deux argiles piétinées. Toujours à passer les frontières. Tu rôdes, fidèle à cet éloignement par où te vient le monde. De biais. Toujours.

AVANT LA NUIT (2003)

Mais il reste conscient de ce qu'il y a de fragile, de provisoire, dans tout effort de création :

Le papier, ses grains et ses puits invisibles sont l'oubliette où tout ce qui fut perdu s'enfonce dans le sol meuble des mots, l'argile humide des phrases, les flaques claires du rythme.
Quand on veut mettre à jour les vestiges de ce qu'on crut être du jour, on ne remue jamais que de la nuit qui se hâte, par amour des quelques étoiles apparues dans ses angles morts, de retourner à la nuit.

COMME DES PAS QUI S'ÉLOIGNENT (1999)

Il s'agit donc pour lui de rester à l'écoute des mille et un frémissements de la poésie contemporaine, d'accompagner, autant que possible, ses frères d'écriture dans leurs étranges travaux.

Les textes publiés dans ce numéro s'inscrivent dans cette double postulation. Ces cinq extraits d'un poème intitulé *L'Étrangère* disent l'obstination et les trébuchements, entre « route » et « soleil », « orties » et « margelles », de... de qui, de quoi ? Peut-être d'une immigrée anonyme, d'une mère rejetée par tout et par tous, sous le soleil cruel, au milieu d'une route déserte, sur « l'asphalte » brûlant et poussiéreux, qui n'attend plus que le coup de grâce du vent. Mais aussi de la voix, qui tente de sortir de la gorge. De l'écriture, qui persiste à nier le silence dans lequel on voudrait l'enfermer. De la pensée, refusant de demeurer entre les quatre murs du conformisme. Si désespérante qu'elle soit, la lutte aboutira, la parole se manifestera :

on la sentira/ remonter et renouer/ ses clefs cabrées aux silences/ de sa portée déchirée

Les « horribles travailleurs » dont parle Rimbaud peuvent trouver là motif d'espérer, force de poursuivre leur chemin incertain. « On a raison de se révolter », disait Sartre. On a raison d'écrire, nous dit Alain Freixe, de persister à porter au plus loin, au plus haut, ces mots que personne n'attend et que tous espèrent.

P.M.

PIERRE GARRIGUES (p. 62)

Pierre Garrigues est né à Oran en 1952. Agrégé de lettres classiques, docteur ès lettres, il enseigne à l'université de Tunis. Il est l'auteur de plusieurs essais portant sur l'écriture du fragment et sur le rapport de l'expression poétique à l'expression philosophique présocratique (*Poétiques du fragment*, Klincksieck, 1995 ; *Éloge de l'Imparfait*, L'Harmattan, 1997 ; *Chutes et perfection*, L'Harmattan, 1998 ; *Le jeune homme, la mort et le jeu* et *Odyssées*, Limoges, Lambert-Lucas, 2009), ainsi que d'une vingtaine de recueils de poèmes, marqués par son amour de l'hellénisme et de la Méditerranée, parmi lesquels *Sonnets des vivants et des morts* (Ecbolade, 1996), *Prolégomènes à toute métaphysique solaire* (Souffles, 2000, prix Roger du Teil), *Le prix du jour* (L'Arrière-Pays, 2001), *Sonnets de la Route X* (Encres Vives, 2002), et le tout dernier, *À Tunis, rêvant d'être à Tunis* (Tunis, éd. Walidoff, 2010), sonnets échangés avec ses amis Bertrand Degott et Laurent Fourcaut.

Les huit sonnets présentés ici ont cette particularité remarquable d'être envoyés par courrier électronique à un correspondant ami, sur un rythme quasi quotidien, et renouvellent donc la tradition du poème adressé. La virtuosité de l'écriture – qui ne s'interdit ni de transgresser malicieusement les fameuses règles (pour un plus grand *dérèglement du sens*), faisant rimer « *it's all* » avec « console » et « *Ben Yedder* » avec « adhère », ni de pratiquer le tercet supplémentaire, ce qui fait du poème un sonnet *estrambot* – est d'autant plus sensible qu'elle conjoint et amalgame, dans la ductile pâte du vers, une méditation rêveuse et raffinée et l'insignifiance, prosaïque et tendre, des *riens* du quotidien. Justement, le sonnet comme organisation et assemblage, et plus largement le discours poétique même ne cessent de se réfléchir pour commenter et évaluer leur *double postulation* : insuffler au réel et à son « indifférence » un tant soit peu de consistance, de sens (« [...] en ces vers où savant mon néant je redore ») ; dénoncer leur impuissance à y parvenir (« Je n'attends/ rien de la poésie, je rime... ») pour mieux exposer le poème à ce qui le récuse.

L. F.

IRÈNE GAYRAUD (p. 70)

Irène Gayraud est née à Sète en 1984. Son parcours universitaire est structuré par son attirance pour la confrontation des cultures européennes, et montre un fort tropisme germanique. Il l'a conduite à devenir étudiante Erasmus à l'Université de Munich, à occuper un poste de lectrice à l'Université de Heidelberg. C'est dans le cadre d'un doctorat européen qui associe les universités de Paris-Sorbonne, Bonn et Florence qu'elle travaille actuellement sur une lecture croisée d'Apollinaire, Rilke et Campana (« Traditions orphiques et modernité poétique »). Cette agrégée de Lettres modernes a participé en 2005 à l'atelier poétique animé à la Sorbonne par Jean-Pierre Lemaire ; elle publie des poèmes, ainsi que des traductions de poèmes en allemand, dans la jeune revue *A verse*, créée par des étudiants de cette même université.

La tonalité lyrique des deux poèmes-dédicaces proposés naît d'une convergence : rythmé par des références, des allusions, un lexique d'inspiration religieuse, le texte ose dire l'aspiration à la re(con)naissance d'un sacré qui reste à réinventer sans cesse (« chaque soir se réunit ce que Dieu avait séparé », « chaque feu est un appel »). Les poèmes sont structurés par la fréquence des verbes de mouvement, notamment de verbes pronominaux porteurs d'un dynamisme interne (« se dénouer », « s'étirer », « se réuni[r] », « s'effil[er] », « [s]'exténu[er] »), qui donnent un poids concret à l'expérience de cette aspiration.

Sans doute la pratique de la musique qui accompagne Irène Gayraud depuis l'enfance explique-t-elle à la fois les nombreuses images musicales qui métaphorisent la quête fondatrice (« chercher l'unisson à partir de l'octave », « Écoute !/ le commencement résonner dans l'intervalle/ et les échos maintenant »), et le rythme, sonore et visuel, d'une poésie marquée par la recherche d'une scansion.

Une telle convergence donne aux deux textes d'Irène Gayraud une allure qui les rend proches de la poésie de Reverdy.

C.F.

ALBERT GUIGNARD (p. 72)

Né à Lyon en 1962, Albert Guignard est d'origine ouvrière. Il vit au cœur des monts du Lyonnais, plus précisément sur les pentes du mont Popey, qu'il a qualifiées de « maquis culturel ». Au terme d'*écrivain* il préfère celui de *chaman des mots*. Il a créé en 2000 les éditions du Mont Popey, petite maison d'édition associative. On lui doit divers romans et nouvelles, regroupés dans *Troupeau* (éd. du Mont Popey, 2003) : cet ensemble peut se lire comme une chronique de la société française, des années 1990 au début du troisième millénaire. Et un ouvrage sur un poète cheyenne, *Lance Henson. Nous sommes tous américains* (idem, 2000).

Ce qu'il y a de singulier dans ces poèmes, c'est qu'ils tiennent les deux bouts d'une étrange ficelle. D'un côté, l'image violente d'une civilisation industrielle asservie au Veau d'or ; de l'autre, la revendication de l'appartenance au « Tout », c'est-à-dire à Pan, incarnation mythologique de la vitalité cosmique, le chèvre-pied étant réduit par cette civilisation au morne sort d'« un pauvre bouc » – un peu comme dans le roman fantastique de Jean Ray, *Malpertuis*, où les dieux antiques ne sont plus que l'ombre déchue d'eux-mêmes depuis qu'on ne croit plus en eux. Le poète n'en appelle pas au « populaire », qu'il juge abâtardi par la « monstrueuse ruée vers l'or ». Il met ses espoirs de revanche dans « son art » : celui, précisément, de ces textes, dont la poétique carrée, voire brutale, réactive la présence des dieux (Pan, Satan) et l'efficace des mythes (les sirènes, le serpent, l'Albatros, le Horla), donc la circulation d'un sens susceptible de ressusciter ce monde exsangue.

L. F.

JACQUES JOSSE (p. 75)

Jacques Josse est né en 1953 dans les Côtes-d'Armor et vit à Rennes. Poète et écrivain, il a fait paraître une vingtaine de livres. Signalons notamment *Le Veilleur de brumes* (Le Castor Astral & La Rivière Échappée, 1995), *Ombres classées sans suite* (Cadex, 2001), et le recueil *Vision claire d'un semblant d'absence au monde* (Apogée, 2003), dont le titre est emprunté à un poème de Danielle Collobert. Éditeur, il a animé la revue *Foldaan* (1980-1987, huit numéros). Il a créé en 1991 la maison Wigwam éditions, où poésie et peinture sont étroitement liées. Il y a publié, entre autres, Matthieu Messagier, James Sacré, Antoine Emaz ou encore Daniel Biga. Il dirige la collection « Piqué d'étoiles » aux éditions Apogée.

Ces cinq poèmes en prose sont placés sous le signe de l'étrange. Petits fragments de récit, ils sont en effet merveilleusement dépourvus de sens – déliés de l'opiniâtre exigence d'un sens. Un « il » sans identité ni attaches apparentes semble aller de port en port, en une déambulation imprévisible et comme aléatoire, à l'exotisme mat. Errance vouée à la perdition et, finalement, au sacré : ce tout (ou ce rien) extatique où le désir rencontre la mort comme son ultime et véritable objet. Car quelle que soit la latitude évoquée, il s'agit toujours d'assister à la « cérémonie » de la mort, par immersion dans l'eau – mer ou rivière –, le « il » faisant lui-même l'épreuve, par une sorte d'anticipation, de la perte en mer : « la fermeture Éclair » donnant sur le sexe de la femme est exactement superposable au port d'Anvers où la chose périlleuse a lieu : même ouverture mortelle sur la mer, ou la Mère.

L. F.

JACQUES JOUET (p. 78)

Né en 1947, se revendiquant « écrivain tout-terrain », Jacques Jouet est dramaturge, essayiste (il est notamment l'auteur d'un essai sur Raymond Queneau), nouvelliste, poète et romancier, mais aussi artiste plasticien : il réalise des collages. Il est l'un des membres les plus prolifiques de l'Oulipo, auquel il appartient depuis 1983. Avec d'autres oulipiens, François Caradec, Paul Fournel, Hervé Le Tellier, il anime l'émission « Des Papous dans la tête », sur France Culture. Parmi ses nombreux livres parus chez P.O.L (mais il a publié chez bien d'autres éditeurs), mentionnons *Navet, linge, œil-de-vieux* (1998), *Fins* (1999), *La République de Mek-Ouyes* (2001), *Mon bel autocar* (2003), *Vanghel : Théâtre IV* (2003), *L'amour comme on l'apprend à l'École hôtelière* (2006), et le dernier, *L'Histoire poèmes* (2010). Lire ses *Poèmes de métro* (P. O. L, 2000) est une bonne façon d'entrer dans son très original univers. La définition inaugurale est dans le droit fil du principe oulipien de la contrainte productive : « Un poème de métro est un poème composé dans le métro, pendant le temps d'un parcours./ Un poème de métro compte autant de vers que votre voyage compte de stations moins un. [*etc.*] » (p. 7). Mais ce livre, pas plus que les autres, ne se réduit absolument pas à un jeu littéraire. Il est exceptionnellement en prise sur la réalité contemporaine, et l'on peut dire de l'œuvre de Jacques Jouet, esprit pugnace et libre, qu'elle est, pleinement et poétiquement, politique : « Un homme lit un tract qui gît au sol, sans le ramasser./ Il s'agit de la guerre au Liban./ Signé du P.C.F. et de la J.C./ Un peu plus tôt : S.D.F. / S.V.P., avec les points séparatifs très nettement dessinés./ C'est ainsi que les hommes bougent/ et ne restent pas tranquilles dans une chambre/ et que les armes quittent les râteliers. » (p. 77).

Très singulier poème que cette « Prosopopée du père Hébert, grand chahuté ». Prosopopée parodiquement grandiloquente, il donne donc la parole à un mort, ce père Hébert qui fut professeur de physique au lycée de Rennes où Alfred Jarry étudia et qui servit de grotesque modèle au personnage d'Ubu (*Ubu Roi*, 1896). Ce long discours offre un autoportrait du père Hébert en professeur «chahuté» et même «supplicié» par ses classes. On l'entend revendiquer sa propre «bêtise» et se targuer de s'être employé contre une « révolte des pensionnaires », cumulant, dans une dérision de catalogue épique, les divers emplois de la pire réaction de son temps (« bête comme un anticommunard », etc.). Cette énumération fait écho à un premier catalogue, celui de la bêtise : « bête comme le chou, bête comme le foin mangé », etc. Mais justement, sa bêtise et sa veulerie réactionnaire prennent une sorte de consistance, voire de dignité, en ce qu'elles se déroulent, sous la plume très en verve de Jacques Jouet, en une grinçante « cérémonie », rituel convoquant les figures, les cadences et les prestiges, certes carnavalisés, de la littérature et de la poésie. De l'engendrement drolatique des signifiants, moderne fatrasie (« le grand chahuté de ces chats-huants, de ces chouans chahuteurs », etc.) à la réplique rabaissée, ou abâtardie, des « "beaux comme.." maldororiens » [« Il est beau comme la rétractilité des serres des oiseaux rapaces [...] et surtout, comme la rencontre fortuite sur une table de dissection d'une machine à coudre et d'un parapluie. » LAUTRÉAMONT, *Les Chants de Maldoror*, *VI, I*, in *Les Chants de Maldoror. Poésies I et II*, Flammarion, « GF Flammarion », 1990, p. 289], en passant par la noble séquence de huit alexandrins (« l'exposé sur la foudre et sa forme globule ») qui semble générée par l'un d'eux, pris à la célèbre lettre de Gargantua à Pantagruel, « "tous les métaux cachés au ventre des abîmes" » [RABELAIS, *Pantagruel*, VIII, in *Œuvres complètes*, Gallimard, « Bibliothèque de la Pléiade », 1962, p. 206.], en une rhétorique contrefaite de « discours [de] distribution des prix » à la Lautréamont [« Les chefs-d'œuvre de la langue française sont les discours de distribution pour les lycées, et les discours académiques. » [LAUTRÉAMONT, *Poésies I*, in *Les Chants de Maldoror. Poésies I et II*, op. cit., p. 332]. S'il gagne en dignité, c'est que l'odieux personnage accède à la littérature : non seulement parce qu'en effet, comme il le dit lui-même, il « [s'est] transformé/ on [l']appela Ubu, de [son] vivant », mais parce que, plus généralement, sa prosopopée le fait entrer dans tout un réseau de références littéraires, explicites (Don Quichotte, Bouvard et Pécuchet, etc.) ou allusives (« la momie de Rascar Capac », dans *Les Sept boules de cristal* de Hergé, Rabelais, ou encore allusion au jeu de mots sur le nom de Shakespeare par quoi s'ouvre *Ubu Roi* dans « bête comme Shakespeare quand Jarry me fait hocher la poire »), ce qui tend à le rapprocher de « l'autre grand chahuté du XIXe siècle/ celui du lycée de Tournon et de la rue de Rome », c'est-à-dire de Mallarmé.

L. F.

YVES LE PESTIPON (p. 83)

Né en 1957, ancien élève de l'École normale supérieure de Saint-Cloud, agrégé de Lettres, docteur ès Lettres, spécialiste de La Fontaine, Yves Le Pestipon est professeur de Première supérieure au lycée Pierre de Fermat de Toulouse. Nouvelliste, fabuliste et poète, il est, comme son ami le poète Serge Pey, un militant de la poésie orale. Il a publié quatre livres... inclassables, que l'on se risquera à qualifier de « proses poétiques » : *Traits d'elle* (éd. N & B, 2000) ; *Des lettres anonymes* (Clapotements, 2002) ; *Samuel Beckett à Fougax-et-Barrineuf* (avec Agnès Birebent, Clapotements, 2004) ; *Nouvelles fables inutiles* (Clapotements, 2007). Yves Le Pestipon est également l'un des contributeurs du site web *L'Astrée* : http://www.lastree.net/ . « Son bilan est mince », dit-il de lui-même. Est-ce bien sûr ? Un passage comme celui-ci permet d'en douter : « Beaucoup croient tuer le temps en s'étendant sur un sable, en patientant, en guettant son vol triste, en écartant les cuisses, en l'y serrant, mais elle, à chaque essai, elle se l'est planté. Il l'habite donc, établi, prompt à pousser, mangeant son ogre par les racines.» TRAITS D'ELLE (2000)

Les cinq poèmes que publie *PLS*, réunis sous le cartésien titre *Méthodes*, composent une géographie toute personnelle, proposent des voyages dé-routants, réservés aux explorateurs du très intime, aux Vasco de Gama de l'intra-territorialité, aux demandeurs d'asile poétique. Les trois premiers de ces poèmes nous invitent à examiner une, deux, trois, voire onze, douze ou treize poubelles, pour y chercher (et y trouver ?) des « correspondances » banales ou inouïes, un « archipel des restes », et finalement une raison de vivre – ne serait-ce qu'un jour de plus. Les outils de cette exploration ? Une « main de troubadour », certes, mais n'oublions pas qu'« On a besoin des doigts, du nez, de l'œil, et de l'oreille », et qu'« Il faut parfois toute la langue/ pour examiner une seule poubelle ». Car pour fouiller le monde, le fouailler de son langage, en explorer toutes les dimensions, du très-haut jusqu'au très-bas, il faut y plonger résolument, s'y perdre corps et âme. Nous le confirment les deux poèmes suivants : « Définition d'une marche autour de Montségur » et « Présentation ». Le premier pourrait être une « Euclidienne » posthume de Guillevic, mais quelque peu hérétique, tant la géométrie qu'elle nous propose brouille les lois de l'espace-temps auxquelles nous nous sommes douillettement habitués. Le dernier, peut-être le plus beau, fait du moment présent un cadeau de mémoire, un galet pour la soif, une rivière du vivre, une fleur de sang qui s'enracine dans la langue, dans le temps, dans chaque mot.

P. M.

BÉATRICE LIBERT (p. 89)

Béatrice Libert est née en 1952 à Amay-sur-Meuse, en Belgique, et vit à Liège. Elle est l'auteur de livres de poèmes, d'essais et de récits. Elle écrit également pour la jeunesse. Elle a réalisé plusieurs livres d'artistes. Accompagnée de la harpiste liégeoise Angélique Giorgio, elle donne des spectacles et des lectures publiques de ses textes. Elle dirige la collection d'arts et de pédagogie « L'Horizon délivré », aux éditions Couleur Livres à Charleroi. Parmi ses œuvres poétiques, signalons *Le rameur sans rivage* (La Différence, 1999), *En vertu de nous-mêmes* (Le Tétras-Lyre, 2001), *Être au monde* (La Différence, 2004), *Ton corps*, avec des nus de Pierre Cayol (Alain Benoît, 2008). Ses poèmes sont traduits dans plusieurs langues.

Dans ces douze « Couleurs du dedans » de Béatrice Libert, on entend comme un lointain écho des « Correspondances » de Baudelaire et des « Voyelles » de Rimbaud, mais aussi quelque chose de la matérialité hiératique et heureuse qui enchante dans Saint-John Perse, matérialité comblante du monde, matérialité onctueuse et rythmique des mots. Variations-ressassement sur un même canevas syntaxique : « Tu me dirais le bleu – le rouge – le jaune *[etc.]*, nous aurions – nous pourrions *[etc.]* » ; mais bien vite l'apodose s'efface, le seul et vrai bénéfice de la poétique opération étant non dans le retentissement sur une vie de la texture des mots littéralement teinte par celle des couleurs, mais dans l'opération même qui a fait pénétrer un peu de réel dans le langage, ou plutôt a su effectuer entre eux un nourrissant *échange de propriétés*. Ainsi la constellation des associations *réalisées* autour du brun permet-elle que soit abolie la tragique barrière entre mots et choses : « et nos doigts pétriraient le réel ». Tant il est vrai qu'en poésie, comme dit Ponge, le pain (de mots) « doit être dans notre bouche moins objet de respect que de consommation ».

L. F.

BLANDINE MERLE (p. 93)

Née en 1981, Blandine Merle est certifiée de Lettres modernes et enseigne en région parisienne. Elle a consacré une maîtrise et un Master 2 à l'œuvre de Jean-Pierre Lemaire. Elle est également diplômée de l'Institut des Arts Sacrés.

Dans *V. ou un barrage contre l'Atlantique*, suite de cinq courts poèmes en prose, tout commence par une histoire d'amour, ou plutôt par une rupture. Contrairement à ce que semblait annoncer le titre, ce qui est posé ici n'est pas avant tout un barrage –seule la femme dont est esquissé le portrait croit encore à la possibilité d'un barrage contre ses émotions – mais une ouverture, une attention au passage du temps et à son action modificatrice sur nous, comme le suggèrent en écho les travaux réalisés dans la maison des bords de Loire et dans l'appartement. Et c'est bien de travaux, ou plutôt de travail qu'il est question dans cette suite. Au-delà du travail de deuil de V., de « l'effervescence de la douleur en travail », l'ensemble des poèmes – « V. » pourrait aussi être lu « cinq », comme le nombre des poèmes – révèle le travail du poète pour se débarrasser de tout pathos, de toute dramatisation au profit du constat et ce, par le choix de la simplicité et de la sobriété, voire de la fragilité.

B.D.

JACQUES ROUBAUD (p. 95)

Jacques Roubaud, né en 1932, est un des principaux membres de l'OuLiPo, en même temps qu'un des écrivains majeurs d'aujourd'hui. Son œuvre touche à tous les genres, et en particulier à la poésie, qu'il a illustrée de façon aussi éminente que singulière. Depuis le premier livre de poèmes, ∈ (« signe d'appartenance »), jusqu'au récent *Churchill 40, et autres sonnets de voyages* (2004), en passant par *Trente et un au cube* (1973), *Dors*, précédé de *Dire la poésie* (1981), l'admirable *Quelque chose noir* (1986), *La Pluralité des Mondes de Lewis* (1991), *La forme d'une ville change plus vite hélas que le cœur des humains* (1999). Il a aussi écrit des poèmes pour enfants : *Les Animaux de tout le monde* (1983) et *Les Animaux de personne* (1991). Sa connaissance de la poésie, de son histoire, de ses formes, est sans égale (*cf.* son anthologie *Soleil du soleil : anthologie du sonnet français de Marot à Malherbe* (1999), son « Essai sur l'art formel des troubadours », *La fleur inverse* (1986), et son « Essai sur quelques états du vers français » : *La vieillesse d'Alexandre* (1978)). Son amour du Japon et de sa poésie traditionnelle se manifeste notamment dans les tankas de *Mono no aware, Le Sentiment des choses* (1970). Ce qui fait l'unité de cette œuvre considérable, c'est peut-être une sorte d'inventaire ininterrompu, éminemment plastique et protéiforme, de tout ce qui compose le réel, lequel est infini et informe. La prolifération très maîtrisée et très baroque qui en résulte dessine un prodigieux espace, à la fois factice et labyrinthique, dans lequel le poète se donne licence de s'égarer à volonté, de se perdre sans mourir encore : « L'écrivain est un rat qui construit lui-même le labyrinthe dont il se propose de sortir. » (définition oulipienne). De là sans doute l'humour, tonalité majeure de cette œuvre : plus que la politesse du désespoir, il serait la trace que l'œuvre porte de cette stratégie tout indirecte, qui consiste à se livrer aux sirènes de la perdition mais dans l'enceinte maîtrisée de l'œuvre. Un clin d'œil, en somme, pour qu'on ne soit pas dupe du caractère fortement ludique de cette œuvre. Qu'on en perçoive la gravité.

On sait que l'Ouvroir de Littérature Potentielle (OuLiPo), fondé en 1960 par François Le Lionnais et Raymond Queneau, repose sur ce principe : la contrainte est productrice [Lire le très brillant et très oulipien article « OULIPO (Poétique de l') », par Jacques Roubaud lui-même, dans Michel JARRETY (dir.), *Dictionnaire de poésie de Baudelaire à nos jours*, P.U.F., 2001, pp. 559-562]. Les Oulipiens se donnent donc pour tâche de réactiver des contraintes anciennes et surtout d'en inventer de nouvelles, permettant à toute une *littérature potentielle* – qui n'existait jusqu'alors qu'en puissance – de voir le jour : « Un potentiel immense en un moment conçu. », ainsi que l'écrit Roubaud dans son « Sonnet imité du sicilien », nouvelle variation sur le Sonnet d'Arvers, et illustration de la posture de réflexivité – puisqu'il met en abyme « [l]e chant de la contrainte » – qu'adoptent plusieurs de ces sonnets, lesquels sont en effet « écrit[s] sous la contrainte qu'il[s] expose[nt] » (sonnet 11). Seul le premier de ces poèmes virtuoses, hommage à Antoine Vitez, semble composé sans souci d'une contrainte particulière, en dehors de celle-là même de la forme du sonnet. Peut-être cependant peut-on y voir une sorte d'*ouverture* de cet ensemble, ou de la qui lui serait donné, en ce que son objet est déclaré « [t]out d'intellect ». Quoi qu'il en soit, les dix autres égrènent les contraintes, du sonnet voilé/dévoilé au « sonnet en émirs », qui fait rimer des mots dont les dernières lettres se dupliquent en palindrome, sur le modèle de rime/ émir (« vélo »/ « col » ; « épate »/ « étape » ; etc.). Chacun des trois sonnets en « Hommage à Alphonse Allais » repose sur la contrainte du calembour, dont Allais fut un praticien émérite. En somme, pas plus démiurge qu'un Oulipien : sur une table rase du sens, il suscite un monde inédit à partir d'un dispositif formel qu'il s'est librement imposé à lui-même, quand il ne l'a pas créé de toutes pièces.

L. F.

ESTHER TELLERMANN (p. 107)

Esther Tellermann, née en 1947, professeur de lettres et psychanalyste, est l'auteur de livres d'une poésie dense, rebelle au sens commun, intensément lapidaire. Tous ont été publiés aux éditions Flammarion : *Première apparition avec épaisseur* (1986) ; *Trois plans inhumains* (1989) ; *Distance de fuite* (1993) ; *Pangéia* (1996) ; *Guerre extrême* (1999) ; *Encre plus rouge* (2003) ; *Terre exacte* (2007). En 2004 paraissait un très étrange et remarquable « récit », *Une odeur humaine* (Farrago/Léo Scheer). On a pu déceler une filiation de son travail avec l'œuvre de Paul Celan : le poème est désormais témoin des fractures et des guerres qui nous traversent. Pourtant la résonance de Saint-John Perse, sensible dans une certaine solennité hiératique, donne à entendre la sensualité de la terre des vivants, exaltée de livre en livre, avec ce timbre singulier qui a fait véritablement entendre, depuis vingt-cinq ans, une voix autre dans la poésie française contemporaine. On pourra consulter le n° 39 de la revue *Nu(e)* (Nice, 2008) qui lui a été consacré.

Gilles Deleuze aimait citer cette phrase du *Contre Sainte-Beuve* de Proust : « Les beaux livres sont écrits dans une sorte de langue étrangère. » Les dix poèmes composant « Voix à rayures » illustrent exemplairement cet aphorisme : sentiment d'une intime cohérence au sein d'une parfaite étrangeté. Dans ces textes plutôt courts (de 9 à 17 vers), la brièveté des vers (seulement quelques heptasyllabes, un seul octosyllabe) détermine une découpe des énoncés qui impose un rythme entêtant, quasi hypnotique et en accentue le hiératisme. Cette série dresse un théâtre où *se parlent* des personnages sans visage : un « je » s'adresse à un « tu » – ou à un « vous » – comme pour tenter de reconstituer, bribe à bribe, une unité perdue (analogue sans doute à la *pangée* du livre de 1996) : « Sans toi s'éteint/ le jaspe/ s'assombrit/ l'ammonite », dont il ne resterait que des épaves, ou des débris errants après l'éclatement initial. À ce désir, à cette faim inéluctable ne saurait donc répondre que ce que peut élaborer le poème en fait de déceptive harmonie, d'avortée plénitude : « noms comme nourriture ». Comme souvent dans les séquences d'Esther Tellermann, un syntagme revient, avec des variations ; ici c'est « boîte à voir » (deux occurrences), qui devient « machine/ à voir ». Dans une poésie fortement autoréférentielle comme celle-ci (les « rayures » de cette « voix » seraient aussi, sur la page, les vers) – ce qui est sa façon à elle de s'approcher de son dehors, l'irréductible réel –, cette « boîte à voir » pourrait bien désigner, en abyme, le texte lui-même, comme si cette « boîte » en noir et blanc que bâtit en effet l'écriture était le seul instrument grâce auquel on pouvait espérer arracher quelque chose à l'aveugle informe, ou encore au naufrage « des îlots déportés », de sorte que le faisceau poétique ainsi tracé deviendrait un « œil-arche » et le poème, « l'arche » même.

L.F.

LANGUES DU MONDE

ELISA BIAGINI

VOCE SCRITTA

Voce scritta
sul vetro, pelle
affondata di
lana, unghie come
cadute sul tappeto :

ma per te ho
scarpe di
campanelli, ogni
voltarmi carta
vetrata sul tuo
muro.

VOIX ÉCRITE

Voix écrite
sur le verre, peau
coulée de
laine, ongles comme
tombés sur le tapis :

mais pour toi j'ai
des chaussures à
clochettes, chaque
fois que je me retourne papier
de verre sur ton
mur.

« La sorpresa nell'uovo », in *Nel bosco*,
Giulio Einaudi Editore, 2007, p. 60.

PERDUTA ?	PERDUE ?
Perduta ? è il bosco	*Perdue ? C'est le bois*
che mi segue, che beve	*qui me suit, qui boit*
la mia ombra, mi	*mon ombre, me*
svuota, tronco cavo :	*vide, tronc creux :*
io foglia, tra le	*moi feuille, entre les*
pagine di un libro.	*pages d'un livre.*

« Gretel o del perdersi », in *Nel bosco*, *op. cit.*, p. 110.

NEL BOSCO

Nel bosco
gli occhi sono
sganciati come
bottoni, la bocca
un'asola.
Il viso tutto
un pugno che
si chiude.

DANS LE BOIS

Dans le bois
les yeux sont
dégrafés comme
des boutons, la bouche
une boutonnière.
Le visage entier
un poing qui
se ferme.

« Gretel o del perdersi », in *Nel bosco*, *op. cit.*, p. 121.

SVETLANA CÂRSTEAN

INSOMNIA

Stau călare
pe locul dintre ziua de ieri și ziua de mîine,
pe iapa asta care nu-mi aparține
mie, nu eu o țesăl
și nu eu o hrănesc.
E străină de mine,
nu-i din oraș
și nu avem amintiri comune,
dar mă ține cu forța pe spatele ei,
al nopții care a trecut
și al zilei care nu prea vrea să vină.
                    Visul m-a scuipat afară
                     cu putere
                     cu ură
                     ca pe un sîmbure
                     ca pe un copil nedorit.
Și-am ajuns pe spatele acesta lucios
de pe care alunec
ca de pe o mîzgă,
însă nu cad.
Noaptea se agață de mine,
e o boare cu dinți mici,
îi înfige în piele și acolo rămîne.
Durerea nu e mare, doar continuă.
Tocurile nu înțeapă încă cimentul,
tramvaiele nu taie în felii reci aerul,
faptele zilei de mîine încă se coc,
stau acoperite cu cearceafuri mari de pînză
ca expozițiile nevernisate.

LA FLEUR D'ÉTAU

INSOMNIE

Je suis à cheval
sur cette zone entre le jour d'hier et le jour de demain
sur cette jument qui ne m'appartient pas
ce n'est pas moi qui l'étrille
et ce n'est pas moi qui la nourris.
Elle m'est étrangère,
elle n'est pas d'ici
et nous n'avons pas de souvenirs communs,
mais elle me tient avec force sur son dos,
celui de la nuit qui vient de passer
et du jour qui ne veut guère venir.
Le rêve m'a crachée dehors
avec puissance
avec haine
comme un pépin
comme un enfant non désiré.
Et je suis arrivée sur ce dos étincelant
Sur lequel je glisse
comme sur de la boue,
mais je ne tombe pas.
La nuit s'accroche à moi,
c'est un zéphyr avec de petites dents,
il se plante dans la peau et y reste.
La douleur n'est pas grande, seulement continue.
Les talons n'ont pas encore mordu l'asphalte,
les tramways ne fendent pas l'air en tranches glaciales,
les événements du jour de demain mijotent encore,
ils sont recouverts de grands draps de toile,
des expositions non-inaugurées

Noaptea, salamul e scos din galantar
și pus la loc tainic.
Lumea și salamurile ei se mută noaptea
altundeva.
La fel prăjiturile, care sînt sufletul meu.
Ar trebui și eu să fiu în altă parte
— trupul o carcasă goală
un galantar golit de cu seară
un recipient pe care nimeni
chiar nimeni
nu vrea să îl fure.

Însă visul m-a scuipat în afară.
Sînt aici.
Între ziua care a fost și cea care va să vină.
Visul m-a scuipat în afară
ca pe un sîmbure tare, amar.
L-am lăsat în pace.
Era un vis urît.
Sau eu eram urîta.
Între ziua de ieri și cea de mîine e un spațiu îngust
ca între dulap și perete.
Stau cu spatele
la soarele de ieri,
la frica de ieri,
și cu fața la ceva care încă nu vrea să se deschidă.
Pe aceeași spinare mîzgoasă pînă cînd
tramvaiele, tocurile, muncitorii primesc semnalul
și pornesc.

La nuit, le saucisson est enlevé de la vitrine
et placé dans un endroit secret.
Le monde et ses saucissons déménagent la nuit
autre part.
Comme les gâteaux, mon âme.
Moi aussi, il faudrait que je sois ailleurs
— le corps — carcasse vide
une vitrine vide lorsque le soir arrive
un récipient que personne
vraiment personne
ne veut voler.

Mais le rêve m'a crachée au dehors.
Je suis ici.
Entre le jour qui a été et celui qui viendra.
Le rêve m'a crachée au dehors
Comme un pépin dur, amer.
Je l'ai laissé en paix.
C'était un mauvais rêve.
Ou bien était-ce moi qui étais mauvaise.
Entre le jour d'hier et celui de demain il y a un espace étroit
comme entre l'armoire et le mur.
Je suis dos
au soleil d'hier,
à la peur d'hier,
et devant quelque chose qui ne veut toujours pas s'ouvrir.
Sur le même dos boueux jusqu'à ce que
les tramways, les talons, les ouvriers reçoivent le signal
et démarrent.

CINE AM FOST EU?

Am fost un băiețel singur căruia într-o zi i s-au împletit codițe și i s-au pus fundițe albastre și bentița de elastic pe cap. Urechile îi erau roșii și dureroase de la elasticul care-i stîngea cu putere capul și de la pedepsele pe care i le dădea tatăl lui. El îi freca urechile între degetul mare și arătător așa cum ai freca o frunză uscată de mentă sau de busuioc sau o petală de trandafir ca s-o faci pudră și s-o pui la păstrare într-o pungută de hîrtie maro. Urechile ard, se înroșesc ca două petale de trandafir și băiețelul meu aude bine, din ce în ce mai bine, prea bine, pînă departe. Auzul lui se transformă într-un tunel în care sunetele și durerea sînt una și se rostogolesc ca niște mingi grele de plumb. Am fost un băiețel căruia într-o zi au început să-i crească sînii.

Și astăzi băiețelul trebuie să scrie o compunere. Mîinile lui miros a plastilină, au pete mari de cerneală de-a lungul oaselor subțiri învelite în piele străvezie, sufletul lui se strînge tot mai mult, ajunge cît o sămînță de mac, apoi cu greu se rostogolește pînă la picioarele învățătorului care bat în neștire un ritm în întunericul necunoscut de sub catedră. Acolo cerșește milă. Strigă după ajutor.

Această compunere nu pot să o scriu. Pot totuși să-ți dau o veste: de azi-dimineață îmi cresc sînii.

QUI AI-JE ÉTÉ ?

J'ai été un petit garçon solitaire qui un jour s'est fait des nattes et s'est mis des petits rubans bleus et un bandeau élastique dans les cheveux. Ses oreilles étaient rouges et douloureuses à cause de l'élastique qui lui serrait la tête et des punitions que lui donnait son père. Il lui frottait les oreilles entre le majeur et l'index comme il aurait frotté une feuille de menthe séchée ou de basilic ou un pétale de rose pour en faire de la poudre et la conserver en lieu sûr dans un petit sachet de papier marron. Les oreilles brûlent, elle rougissent comme deux pétales de rose et mon petit garçon entend bien, de mieux en mieux, trop bien, trop loin. Son ouïe se transforme en un tunnel dans lequel les sons et la douleur ne font qu'un et roulent comme de lourdes balles de plomb. J'ai été un petit garçon dont les seins, un jour, ont commencé à pousser.

Et aujourd'hui le petit garçon doit écrire une composition. Ses mains sentent l'odeur de plastiline, elles sont couvertes de grandes taches d'encre entourant des os fins enveloppés d'une peau diaphane, son âme se serre toujours plus, une graine de pavot arrive, puis roule péniblement, jusqu'aux pieds de l'instituteur qui bat un rythme, inlassablement, sous l'obscurité inconnue de la chaire. Ici, il demande pitié. Il appelle à l'aide.

Cette composition, je ne peux l'écrire. Je peux cependant t'annoncer une nouvelle : depuis ce matin mes seins ont poussé.

UNA

O vreme somnul a intrat pe aceeași poartă,
în mine și în ea,
pe aceeași poartă au intrat bucuria,
spaima,
gustul, mirosul, moliciunea cireșelor.
Greutatea mea era greutatea ei,
unghiile mele, unghiile ei,
aerul meu, aerul ei,
amîndouă visam același vis,
eram una :
o femeie care se plimbă
singură
pe străzi, cu trenul, cu autobuzul.

*

Sînt femeie,
corpul meu plutește de atîta timp,
deasupra apelor întinse, alb ca o lumină de lună,
impudică și tăcută.
Sînt o mamă nemiloasă.
care-și îmbrățișează copilul,
pînă la sufocare,
îl face iarăși una cu ea însăși,
ca altădată,
cînd burțile mari erau camere umbroase de odihnă,
erau încăperile bune dinspre stradă,
camerele vacanței veșnice,
fără durere, fără lacrimi,
erau locul acela unde nimeni nu se desparte de nimeni.
Sînt o femeie, adesea urîtă,
corpul meu era ieri o barcă de hîrtie

UNE

Pendant un certain temps le sommeil est entré par la même porte,
dans moi et dans elle,
par la même porte sont entrés la joie,
la terreur,
le goût, l'odeur, la mollesse des cerises.
Mon poids était son poids,
mes ongles, ses ongles,
mon air, son air,
toutes les deux nous rêvions le même rêve,
nous étions une :
une femme qui se promène
seule
dans les rues, en train, en bus.

*

Je suis femme,
mon corps flotte depuis tant de temps,
sur les vastes eaux, blanc comme une lumière de lune
impudique et silencieuse.
Je suis une mère impitoyable.
qui embrasse son enfant,
jusqu'à ce qu'il suffoque,
pour qu'il ne fasse qu'un avec elle-même,
comme autrefois,
quand les gros ventres étaient des chambres ombragées pour le repos,
de bonnes chambres donnant sur la rue,
les chambres des vacances éternelles,
sans douleur, sans larme,
ce lieu où personne ne se sépare de personne.
Je suis une femme, souvent laide,
mon corps était hier une barque en papier

l-am aruncat în joacă pe suprafața acestei ape,
sperînd să mă ducă departe.
Azi sînt balena ucigașă,
adesea frumoasă,
care-și așteaptă pescarul.

par jeu, je l'ai jeté sur la surface de cette eau,
espérant qu'il m'emmènerait loin.
Aujourd'hui je suis une baleine tueuse,
souvent belle,
qui attend son pêcheur.

Traduit du roumain
par Fanny Chartres

VERA PAVLOVA

* * *

Женщина – подстрочник,
Мужчина – перевод,
Бог – первоисточник.
Вот!

* * *

Не мысль, не чувство – ощущенье
всего телесного состава,
что новая любовь – прощенье
за то, что сделано со старой,
что сладок поцелуй Иудин,
что он желанен Назарею
Прощение за то, что будет
позднее сделано и с нею.

VERA PAVLOVA

* * *

La femme est littérale,
L'homme est la traduction,
et Dieu l'original.
voilà !

* * *

Ni pensée, ni sentiment
sensation
de la machine corporelle tout entière
que le nouvel amour est
pardon
de ce qui a été fait à l'ancien,
sensation
que le baiser de Judas est doux,
que le Nazaréen le désire
Pardon
de ce qu'à lui aussi
demain on fera subir

* * *

идти купаться в море
когда не хочется писать

занимать в пустом кинотеатре
место согласно билету

платить за проезд в троллейбусе
в воскресенье ночью

выходить за любовника замуж

искусство для искусства

* * *

Научиться смотреть мимо.
Научиться прощаться первой.
Одиночество нерастворимо
ни слезой, ни слюной, ни спермой.
И на золоте чаш венчальных,
и в бумажных стаканчиках блядок
искушённый взгляд замечает
одиночества горький осадок.

* * *

Aller se baigner dans la mer
sans la moindre envie de pisser

s'asseoir à la place réservée
dans un cinéma vide

payer son ticket de bus
un dimanche la nuit

épouser son amant

art pour l'art

* * *

Apprendre à regarder ailleurs.
Apprendre à partir la première.
La solitude n'est soluble
ni dans les larmes, ni dans la salive, ni dans le sperme.
Et dans le reflet doré des coupes nuptiales,
comme dans les petits gobelets des baises d'un soir
un regard exercé reconnaît
le dépôt amer de la solitude.

* * *

Мыло, веревка,
стул повесить носки.
Как-то неловко
подыхать от тоски.
Бездна беззвездна
и темно под водой.
Мне уже поздно
умирать молодой.

* * *

время уступать место
тем кто мне уступает
место в общественном транспорте
в час пик

* * *

Не закричать: сгинь!
Наоборот, чтить
ту, что дала жизнь
и не дает жить,
ту, что кричит: стой!
и шипит: учти,
не пущу домой
после десяти!

* * *

Savon, corde, une chaise
à pendre les chaussettes.
Il est quelque peu embarrassant
de crever de mélancolie.
Béance est sans astre
et noir complet sous l'eau.
Un peu tard ma vieille
pour mourir jeune

* * *

L'heure est venue de céder la place
à ceux qui me cèdent
la place dans les transports en commun
aux heures de pointe

* * *

Dégage ! Ne pas crier : dégage !
Toujours respecter, au contraire
celle qui donna la vie
et ne laisse plus vivre,
celle qui beugle : stop !
et s'étranglant : tu n'as pas intérêt,
je te préviens, à rentrer
après dix heures !

* * *

Любишь книги и женщин,
и книги, больше, чем женщин.
А я – женщина-книга,
и женщина больше, чем книга.
Повсюду твои закладки,
твои на полях пометки.
Раскрой меня посередке,
перечти любимое место.

* * *

рука в руке
две линии жизни
крест-накрест

* * *

Tu aimes les livres et les femmes,
et les livres plus que les femmes.
Je suis une femme-livre, moi,
et femme plus que livre.
Tes marque-page traînent partout,
partout tes notes dans les marges.
Ouvre-moi à peu près au milieu,
Reprends ton passage préféré.

* * *

Main dans la main
deux lignes de vie
entrecroisées

Traduit du russe par
Irina Anelock et Yoann Barbereau

SIBILA PETLEVSKI

KAKO STVARI STOJE

Puna opreza, uhom sam zemlji uvijek blizu –
čujem ti spregu misli kako duž pruge klopara
a stisnute čeljusti škripe. Vidim ti Oca gdje stvara
zavadu između zmija pa ljutice poskoke grizu.

Je'l postoji u tebi vjera? Il' radiš što kosovi rade:
pjevaš kad prestane kišit i činiš što psima je činit
kad beznadna sila ih tjera da s lovinom gazdi se vrate?
Il' nastojiš duboke sumnje začepit komadićem vate?

Čula sam kad ti je srce šutnula nogom u zrak
debela Sreća. Ushiti blijede i tonu u mrak, r
ek'o si tada. Ravnodušje vrijeme pobjede krati.
Jednom sam uspjela posjeći uho na oštroj vlati

trave. Htjela sam znati kako to stvari stoje
na zemlji, odakle se diže voda rijeke moje.

SIBILA PETLEVSKI

L'ÉTAT DES CHOSES

Prudente, d'une oreille je suis toujours près de la terre –
j'entends cliqueter le long des rails la conjonction de tes pensées,
tes mâchoires serrées grincent. Je vois ton Père semer
la discorde entre les serpents, ainsi l'aspic est mordu par la vipère.

As-tu la foi ? Ou fais-tu plutôt ce que les merles font :
tu chantes dès que la pluie cesse et fais comme un chien qui doit,
poussé par une force désespérée, retourner au maître avec la proie ?
Ou encore cherches-tu à boucher tes doutes profonds avec du coton ?

J'ai entendu ton cœur qui d'un coup de pied a été projeté en l'air
par la Fortune obèse. Les élans se ternissent, sombrent dans le noir,
as-tu dit alors. L'indifférence raccourcit le temps de la victoire.
Une fois, j'ai réussi à me couper l'oreille sur un brin d'herbe

acéré. Je voulais connaître l'état des choses de la terre,
d'où montent toutes les eaux de ma rivière.

JEDNOROG

Ležeć njoj do nogu, usred polja žita,
vena presječenih, smireno se pita
kad će osmijeh skinut grč sa milog lica.
Ona ljušti kabel, stišće svežanj žica,

hoće spriječit protok. Napon struje pada.
Htjela bi da njegov život teče duže;
drži trošno uže i kad pline nada.
Hoće li popustit stisak, proći bol

što ga stvara strašni djevičanski spol
žudnjom da sve spasi odavde do neba?
Malo mira, samo malo mira treba

ovo krotko biće samo s jednim rogom.
Slab je on i pitom; razblažen k'o voda.
Pusti nek isteče, ode s milim bogom.

LICORNE

À ses pieds gisant, dans un champ de blé,
calme il se demande, les veines coupées,
quand un sourire effacera le spasme du visage cher.
Elle pèle le câble, serre une tresse de fils de fer,

veut arrêter le flux. La tension du courant baisse.
Elle voudrait que sa vie à lui dure plus longtemps ;
serre la corde usée même quand les espoirs disparaissent.
La prise faiblira-t-elle, la douleur passera-t-elle

que produit l'horrible sexe de pucelle
avec son désir de tout sauver d'ici jusqu'à l'infini ?
Un peu de paix, juste un peu de paix pour lui,

cet être à la corne unique, si harmonieux.
Il est faible et docile ; radouci comme de l'eau.
Laisse-le s'écouler, partir avec le bon Dieu.

MRTVA PRIRODA

Poput jabuka na obalama Mrtvoga mora,
Okusom čisti pepeo.
GEORGE GORDON BYRON

Zakoni prirode još postoje. Svojim ih padom slijede
Lako nagnječive jabuke. *Pepeo osjeća onaj tko ih jede*
A takva sam i ja, jabučica tvoga oka, oče, čuvana zjena
Koja se hvata s jadom, bubri kao drvo, slanom vodom izjedena,

Iz nutrine opustošena. Slani su pašnjaci na obalama Mrtvoga
Mora. Nikad mi dosta dubine. Kad vučem rep, na dnu ostaje traka
Kao od metalne kuke. Tražim te i uvijek ću te tražiti. Zbog toga
Ne prestajem miješat to more, mrtvorođenče vala i modroga mraka.

Neka te ne bude strah. Pustit ću novo korijenje, izdanke rane.
Zadnji me puta gledaš, svoje drvce s krošnjom duboke crnine
Po kojem su šišarice napravile kugle, izrasline pod kojima se grane
Povijaju, sodomsko voće. Miris čemerike potjerat će u jutarnje visine

Radost rumenila kao po žilju božićnice koju si na moj radni stol
Stavio kad si napuštao tijelo. Utješno. Zašto onda ne prolazi bol?

NATURE MORTE

Telles les pommes sur la côte de la mer Morte,
au pur goût de cendres
GEORGE GORDON BYRON

Les lois de la nature existent encore. Suivies par la chute de pommes
s'écrasant facilement. Au goût de cendres pour qui les consomme,
et moi, je suis pareille, le globe de ton œil, mon père, ta prunelle bien protégée
combattant la douleur, gonflant comme le bois, corrodée par l'eau salée,

ravagée de l'intérieur. Sur la côte de la mer Morte, salés sont les pâturages.
Jamais assez de profondeur. Quand je traîne la queue, il reste au fond un sillage
qu'aurait fait un crochet. Je te cherche et te chercherai toujours. C'est ainsi
que je n'arrête pas de remuer cette mer, mort-née du flot et de la nuit.

N'aie pas peur ! Je développerai de nouvelles racines, de toutes petites feuilles.
Une dernière fois tu me regardes, moi, ton arbrisseau au feuillage en deuil
profond, où les pommes de pin décrivent des protubérances, fruits de Sodome,
faisant plier les branches. L'odeur d'ellébore jettera du vermeil sur mon matin comme

sur la rose de Noël que tu as posée sur la table en quittant ton corps.
Pour me consoler ? Pourquoi la douleur ne passe-t-elle pas alors ?

UBILA SAM JEZIK

Ten thousand war-worn mariners revere
My late husbands virtue. The trumpet sounds
Hollow. The same with my excuse.

Deset tisuća mornara umornih od rata štuje
mojeg pokojnog muža. Vojna truba ječi t
onom bez dubine. Pregršt praznih riječi i
sprika mi slaba. Čopor pasa ruje,

love me po tragu. Mogli bi me pisci t
uđih memoara najurit iz knjige. Sablasti
nas slijede. Ubila sam muža. Neki stari lisci,
prebijeni vuci misle da sam došla iz oblasti

Marsa. Nek mi skine čin tko god me hoće golu.
Vjenčana za jezik, teškom sam se mukom domogla slobode.
Kaznite me. S crnim povezom na glavi krenut ću po molu.

Čak i da je točno da su od svih naše pogranične vode
najdublje, ja nisam dobar dokaz za to, jer kad budem pala
neću doći do dna. Nastavit ću točno tamo gdje sam stala.

J'AI TUÉ MA LANGUE

Ten thousand war-worn mariners revere
My late husbands virtue. The trumpet sounds
Hollow. The same with my excuse.

Dix mille marins épuisés par la guerre rendent hommage
À la vertu de mon époux défunt. Du clairon le son
Retentit creux. Des poignées de mots vides ne sont
Qu'une faible excuse. Une meute de chiens en rage

Fouille, poursuit ma trace. Les écrivains des mémoires
D'autrui pourraient me chasser du livre. Des fantômes
Nous talonnent. J'ai tué mon époux. De vieux renards,
Des loups rossés me croient venue du royaume

Martien. Peut me dégrader quiconque ma nudité désire.
Mariée avec la langue, à la liberté péniblement je suis parvenue.
Punissez-moi. Le bandeau noir à la tête, le long du quai je vais partir.

Même si de toutes les eaux frontalières les nôtres sont les plus
Profondes, je n'en suis pas une preuve, car une fois tombée
Je ne toucherai pas le fond. Je continuerai là où je m'étais arrêtée.

Traduit du croate par
Vanda Miksic & Brankica Radic

NOTICES

ELISA BIAGINI (p. 129)

Née à Florence en 1970, Elisa Biagini, après une longue période passée aux États-Unis où elle a fait ses études et enseigné, réside aujourd'hui dans sa ville d'origine. Traductrice de poésie américaine, Elisa Biagini enseigne l'histoire de l'art en Italie et à l'étranger. Ses traductions et ses poèmes sont publiés dans les revues et anthologies, italiennes et américaines : *Nuovissima poesia italiana*, Mondadori, 2004 ; *Parola plurale*, Sossella, 2005.

En 2004, l'éditeur Einaudi publie *L'Ospite*. Un nouveau recueil, *Acqua smossa*, paraît en 2005 aux éditions LietoColle. En 2006, toujours chez Einaudi, l'anthologie *Nuovi poeti americani* voit le jour, suivie en 2007 par le recueil *Nel Bosco*. Dans ce « non-lieu primordial d'où nous naissons et auquel, pour d'obscurs motifs nous restons attachés », les personnages – le petit chaperon rouge, le loup et la grand-mère, Hansel et Gretel –, tirés des archétypes de la fable, puisent sous la plume du poète une force nouvelle. Traduite en plusieurs langues, Elisa Biagini participe à de nombreux festivals de poésie, italiens et internationaux.

La poésie d'Elisa Biagini se caractérise par une construction davantage centrée sur la narrativité que sur le lyrisme. La thématique primordiale de Biagini est celle de l'obsession des corps, comme siège d'une identité mystérieuse que la simple raison ne peut à elle seule appréhender et comprendre. Cette attention particulière portée aux corps constitue une nouvelle étape dans le parcours poétique de Biagini. La force expressive et l'originalité de sa poésie confèrent à Elisa Biagini une place privilégiée et « hors du commun » dans le riche panorama de la poésie italienne contemporaine.

ANGÈLE PAOLI

SVETLANA CÂRSTEAN (p. 132)

Svetlana Cârstean est née en 1969 à Botoşani (nord de la Roumanie). Elle est écrivain et journaliste. Membre co-fondatrice du Cénacle littéraire « Central » à la Faculté de Lettres de l'Université de Bucarest, elle publie pour la première fois *La Fleur d'étau* en 1995, dans l'ouvrage collectif *Tableau de famille* (aux côtés d'autres auteurs : Sorin Gherguţ, Răzvan Rădulescu, Cezar Paul-Bădescu, Mihai Ignat et T.O. Bobe). Elle a travaillé pour des revues culturelles et littéraires telles que *Dilema, Observator Cultural, România literar, Adevărul literar şi artistic.*

Son recueil *La Fleur d'étau* (publié aux éditions Cartea Româneasca en 2008) a bénéficié d'excellentes critiques littéraires et a reçu quelques-uns des plus prestigieux prix de Roumanie : Prix national de poésie Mihai Eminescu, Prix Radio Romania Cultural, Prix du meilleur début littéraire de la revue *Romania literara*, Prix du meilleur début littéraire de l'Union des écrivains de Roumanie. Depuis cette publication, l'auteur a participé à de nombreuses lectures et à de nombreux festivals en Roumanie et à l'étranger : Festival International de la Poésie de Gênes, Festival Live Poésie de Berlin… Elle a également bénéficié, au cours du printemps 2010, d'une résidence d'écriture aux Récollets à Paris, durant laquelle elle s'est consacrée à l'écriture de son premier roman. Lorsqu'elle n'écrit pas, Svetlana lit. Lorsqu'elle ne lit pas, Svetlana lit des histoires à son petit garçon, des histoires de fleurs et de poésie.

À travers les poèmes de *La Fleur d'étau*, une remarquable succession de portes ouvertes s'offre à nous. Peut-être est-ce la force contaminatrice du titre du volume ou le jeu du hasard, à chaque lecteur de faire son propre choix. Les poèmes de notre sélection démontrent que Svetlana Cârstean a un talent évident pour nous accueillir, avec pudeur et discrétion, dans son atelier poétique. Ces textes se situent à la lisière de la prose ; l'écrivain Mircea Cartarescu a donc raison lorsqu'il qualifie la poésie de Svetlana Cârstean de « poésie riche et attentive aux détails, annonçant à côté de la future grande poétesse, une future prosatrice ».

Ses poèmes sont le reflet d'une sensibilité

exceptionnelle, l'expression de la fragilité et en même temps du pouvoir d'une âme pure et féminine, fleurissant malgré l'étreinte de l'étau communiste (« Insomnie »). Simona Popescu, poète et romancière, dit de *La Fleur d'étau* qu'elle est une « puissante plaidoirie pour la liberté individuelle ». Ces textes parlent de l'enfance et du communisme ou plutôt de la fleur de l'enfance et de l'étau du communisme ; un mixage entre une histoire personnelle « mise à jour » et les flashs d'une histoire communautaire en clair-obscur. Un point commun entre l'enfance et le communisme est cette limite incertaine entre le réel et l'irréel (« Qui ai-je été ? »), parce que la perception de l'histoire est, du moins à un certain niveau, déformée par le temps, d'où l'apparition d'un décalage sensible. C'est aussi de là que surgit l'angle confessionnel – la frontière entre le rêve et le souvenir, la force fulgurante des figures et l'ombre persistante de la fleur d'étau devenue symbole.

Le ton alterne du naïf à l'incisif, de l'innocence à la complicité, du regard de l'enfant à celui de l'adulte qui « sait ». Tout comme le symbole de la fleur d'étau est un étrange oxymore, impliquant donc une dualité nécessaire, les états, les sensations, les images sont toujours doubles, incertains, selon Svetlana.

FANNY CHARTRES

VERA PAVLOVA (p. 142)

Vera Pavlova est née à Moscou en 1963. Musicienne et musicologue, diplômée de l'Académie de musique Gnessin, elle est l'auteur d'une thèse sur les dernières œuvres vocales de Chostakovitch. Encouragée par Aram Khatchatourian, elle songe d'abord à devenir compositeur. La musique cependant a quelque chose d'entêtant, de périlleux, elle est le lieu où se mêlent folie et réalité. C'est ce que sent Pavlova. Elle se tourne alors vers l'art des mots, vers la langue, pour « retrouver la terre ferme ». Depuis l'âge de vingt ans elle écrit, elle « capitule en poésie ». Ses textes sont d'abord publiés dans des journaux et des revues, son premier recueil, *L'Animal céleste*, paraît en 1997.

Sa poésie bouleverse l'horizon artistique de son temps, si bien qu'elle est soupçonnée, à ses débuts, d'être une mystification littéraire – plusieurs hommes seront suspectés d'être à l'origine de cette « farce ». Si elle se place elle-même dans la lignée de grandes poétesses russes du début du xxe siècle – Akhmatova et Tsvetaïeva –, si elle campe sur le terrain du quotidien, aborde les questions de l'amour, de la condition féminine, du mariage, Vera Pavlova impose une voix singulière, immédiatement reconnaissable. C'est la voix d'une femme russe à la charnière entre deux époques (communiste et capitaliste), une voix apolitique, qui cherche avant toute chose à dire l'intime en fuyant deux écueils : d'une part la fausse pudeur d'une poésie lyrique héritière du romantisme et du symbolisme, d'autre part la quête vaine, indigente, d'une certaine modernité liée à l'obscène et la transgression. Selon un slogan vendeur qui circulera rapidement, elle sera décrite comme « la plus érotique des poétesses russes ». Ses textes ne doivent pas, comme ils le sont parfois, être réduits à la seule question de la lyrique amoureuse. Ils se font souvent méditations existentielles, ils interrogent la foi, la mémoire et le temps, la mort, la langue et la poésie… Qu'elle conserve ou non les mètres traditionnels [Rappelons très brièvement qu'il existe en russe une systématique métrique basée sur les alternances de l'accent tonique, que la poésie contemporaine est loin d'avoir abandonné totalement ïambe, trochée, dactyle, amphibraque et anapeste. La rime, elle aussi, reste très pratiquée. Nombre d'auteurs travaillent à subvertir ces principes de l'intérieur, à les déplacer, à les réinventer sans forcément aller en direction du vers libre. Cela n'est pas sans poser d'épineux problèmes de traduction. Dans la majorité des cas, nous n'avons pas tenté ici un quelconque calque métrique ni cherché la rime. Il s'est agi plutôt de traduire quelque chose qu'on pourrait appeler un geste de la voix, l'élan et le souffle d'une poésie qui est avant tout déclamatoire], l'écriture de Vera Pavlova est claire et simple, souvent aphoristique. Elle n'hésite pas à mêler le prosaïque et le poétique, le grave et le cocasse, à jouer de doubles sens, à jouer malicieusement avec le lecteur, dans tous les registres de langue, y compris l'argot si l'occasion se présente. On entend souvent comme la voix d'un enfant, certains poèmes rappellent les comptines, les berceuses ou les chansons traditionnelles – ils en imitent parfois la construction qu'on ne pourra, au mieux, que suggérer dans une traduction. Auteur à ce jour de quatorze recueils, Vera Pavlova aime reprendre des textes anciens, les ajouter à des séries plus récentes. C'est alors l'ordre des poèmes qui change leur signification.

Considérée en Russie comme l'un des poètes majeurs de sa génération, elle est traduite dans plusieurs langues. Un choix de poèmes a récemment été publié aux États-Unis (*If There Is Something To Desire: One Hundred Poems*, décembre 2009), en France, une anthologie a paru en 2004 aux éditions L'Escampette (*L'Animal céleste*, traduction Hugo et Jean-Baptiste Para). Nous proposons ici des poèmes extraits des deux derniers recueils parus en Russie : *Bagage à main* et *Sage sotte.*

Nos remerciements vont à Daria Nikolenko pour son aide.

IRINA ANELOCK ET YOANN BARBEREAU

SIBILA PETLEVSKI (p. 150)

Sibila Petlevski est née en 1964 à Zagreb. Elle est écrivain, dramaturge, essayiste, théoricienne et critique littéraire, traductrice de l'anglais et du macédonien, docteur en Langues Comparées et en Philologie, professeur de critique théâtrale à l'Académie des Arts dramatiques, Université de Zagreb. Elle est aussi membre du comité de rédaction de la revue *République Littéraire* et collabore à la rédaction de la revue *Cahiers de Sarajevo.* Elle est l'auteur de seize livres, d'une anthologie des poètes américains et d'une édition des ouvrages de Nadine Gordimer. Ses poèmes sont édités dans de nombreuses anthologies et traduits en de nombreuses langues. Elle est membre de l'Académie européenne de poésie et membre correspondant de l'Académie Mallarmé. Plusieurs prix littéraires lui ont été décernés.

Recueils poétiques : *Cristaux*, 1988 ; *Saut à pieds joints*, 1990 ; *Cent épigrammes alexandrins*, 1993 ; *Heavy Sleepers*, 2000 ; *Babylon*, 2000 ; *Chorégraphie de la souffrance*, 2002 ; *Visages jointifs*, 2006. Romans : *Suite française*, 1996 ; *Entraînement nocturne*, 2006 ; *Mon Antonio Diavolo*, 2007 ; *Le Temps de mensonges*, 2009. Ouvrages théoriques : *Théâtre de « Mitspiel »*, 2000 ; *Symptômes de modernité*, 2001 ; *Double visage de la parole*, 2005 ; *Le Drame et le temps*, 2007. Drames : *Général de glace*, 2005 (Prix TT Stückemarkt Berliner Festspiele) ; *Cagliostro, pour l'éternité* (Illustre voyageur), drame en vers, 2007 ; *La Maison de Rimbaud*, 2007.

Ces quatre poèmes nous font découvrir un poète aussi remarquable que singulier, par sa faculté de susciter comme spontanément un univers intensément onirique, sans attaches ni cohérence référentielles, sécrétant sa logique propre, entre climat biblique (« mer Morte », « Sodome ») ou légendaire (« la Fortune », « Licorne », « royaume martien ») et instinct de l'élémentaire (« la terre », « ma rivière », « la nature », « cette mer », « les eaux »). Sibila Petlevski dresse, texte après texte, une sorte de paysage mental dense et proliférant, qui échappe à toute saisie rationalisante, mais finit par imposer son entêtante discordance. On est particulièrement sensible à un effort continu du « je » pour rejoindre l'autre, le « tu » – ou bien, dans « Licorne », du « Elle » en direction du « il » –, non pas dans l'ordinaire réalité, mais bien dans l'espace parallèle, créé à cet effet, du poème, tel que, par exemple, il se met en abyme (met ses vers en abyme) dans les « rails » au début de « L'état des choses » : « j'entends cliqueter le long des rails la conjonction de tes pensées ». Dans cet univers *bis* du texte serait ainsi réalisée et donc, d'une certaine façon, garantie, la circulation vivifiante – celle en l'occurrence du sens ainsi libéré, qui vaut pour celle du monde passant entre les êtres – d'un « courant » ou d'un « flux » (« Licorne »), qu'il est vain, quelque fortement qu'on soit porté à *demeurer* (« Elle voudrait que sa vie à lui dure plus longtemps »), de vouloir « arrêter » ; il faut décidément accepter de s'abandonner à l'universel écoulement : « Laisse-le s'écouler, partir avec le bon Dieu ». Supérieure leçon qu'apprend seul l'accouplement effectif avec l'autre, où Bataille, dans *L'Érotisme*, voyait une expérience du sacré comme dépassement mystique de l'individuation ; preuve a contrario : « l'horrible sexe de pucelle » est animé, lui, du « désir de tout sauver d'ici jusqu'à l'infini ». Ainsi s'accomplit sous nos yeux une union en quelque sorte endogamique (puisque finalement on se dérobe à la vraie altérité, d'où le sentiment de culpabilité : « Punissez-moi. ») de l'auteure avec les mots mêmes : « Mariée avec la langue », la langue prenant donc la place de l'époux, et « J'ai tué ma langue » vient coïncider logiquement avec « J'ai tué mon époux. ».

L.F.

CONTREPOINTS

GUDRUN VON MALTZAN

Elle dessine comme on écrit. Comme on écrit quelque chose d'intime, un récit parfois imprécis, inachevé, suspendu, ou au contraire extrêmement précis et dense.

Elle dessine sur un papier doucement coloré par le temps. Quelqu'un lui a, un jour, offert un grand rouleau de papier journal vierge, en attente de mots, d'articles. Ce papier à présent jauni fait tellement partie de son dessin qu'elle se demande comment, après en avoir utilisé les derniers centimètres, elle inventera une suite.

Pour l'instant, à la surface du papier, elle laisse monter les images.

Sur le support fragile, l'authenticité du trait évoque l'enfance. L'essentiel est là, pris dans et entre les traits, avec toujours un espace laissé à l'interprétation de celui qui regarde, qui se projette. Peut-on dessiner entre les traits comme on dit « écrire entre les lignes » ? En y regardant bien ou au contraire, en laissant divaguer le regard selon et entre les lignes, les figures qui se dessinent ont à la fois les contours de son enfance et un peu le goût de la nôtre. Son enfance en Allemagne, des personnages de légendes, les vacances d'été, l'évolution du paysage connu, l'évocation de figures qui ont compté…

Son dessin a la liberté et la sincérité de celui qui, une fois apprivoisée la technique, peut s'abandonner à l'énergie du trait, sans censure, sans contrôle ni souci de correspondance à une quelconque norme. Les dessins de Gudrun sont un peu son journal intime, avec des retours sur le passé, l'observation minutieuse des choses, l'expression de sa subjectivité. Un travail sensible de mémoire, entre le réel et l'imaginaire.

Yangshuo I [détail], Chine 2008,
crayon sur papier, 40 x 139 cm

Souvent, les dessins se suivent, constituent des séries. Elle compose à partir de cartes postales, de photographies et de ses souvenirs. Ses dessins, sans la montrer jamais, parlent d'elle.

Les derniers dessins en date ont été faits sur le motif, en Chine. Il faut l'imaginer arriver sur les lieux, avec rouleau de papier et crayons. Elle est à présent assise au pied de la montagne, crayonne sans jamais dérouler totalement le rouleau. Elle a commencé par le bas et au fur et à mesure que son regard avance et remonte dans le paysage, elle enroule son dessin pour dérouler un peu de papier vierge. Elle gravira ainsi la montagne en dessinant. Des repères lui permettront d'interrompre la montée, quand la fatigue se fera sentir, pour retrouver plus tard l'état de sensibilité nécessaire au dialogue graphique avec le motif. Elle ne verra le dessin entier, la forme achevée, qu'une fois arrivée au sommet.

Gudrun von Maltzan est née en Allemagne, à Schloß Grubenhagen, en 1941. Elle vit et travaille en France.

CHRISTIANE HERTH

Yangshuo I, Chine 2008, crayon sur papier, 40 × 139 cm

[CI-CONTRE HAUT] **Fontainebleau I,** France 2001, crayon sur papier, 40 × 76 cm,

[CI-CONTRE BAS] **Fontainebleau II,** France 2001, crayon sur papier, 40 × 76 cm,

[DOUBLE PAGE SUIVANTE] **Le poisson de Hallalit,** Mecklenburg 2002, crayon sur papier, 35cm/76cm

Verrières le Buisson, France 2003
crayon sur papier, 39 x 75 cm

[CI-CONTRE] **Le poisson de Schloß Grubenhagen,** Mecklenburg 1999
crayon sur papier, 30 x 40 cm

Aubusson, France 2002,
crayon sur papier 38 x 75cm

Moltzow, Mecklenburg 2001
crayon sur papier, 31 × 38cm

Sommeil d'hiver, Mecklenburg 2005
crayon sur papier, 48 x 33cm

SIZAINS DE NOUS DIX

PLS – CH

Place de la Sorbonne
J'ai piégé dans mes carnets
le ciel déposé
à la surface de mon café
puis je l'ai bu d'un trait
Place de la Sorbonne

PLS – LF

Place de la Sorbonne
j'ai perdu délicatement ma vie
dans l'acédie inoxydable de *L'Écritoire*
bientôt les compagnies de sécurité nous la bouclèrent
il n'y eut plus guère que les lendemains pour déchanter
Place de la Sorbonne

PLS – JMP

Place de la Sorbonne
J'ai appris la mort de Robert P.
Un grand commis de l'État
Comme l'annonce fièrement Marie-George B.
À un pas de voltigeur de la rue Monsieur le Prince
Place de la Sorbonne

PLS – GB

Place de la Sorbonne
J'ai traversé le sommeil des pavés
La pierre y conservait l'émoi d'un riche lieu
La fontaine y versait la mémoire et l'éveil
La formule demain va se retrouver
Place de la Sorbonne

PLS – PM

Place de la Sorbonne,
J'ai revu ce fantôme
Qui ressemblait à un jeune homme
Que je veux oublier.
Quel air près de moi se fredonne,
Place de la Sorbonne ?

PLS – CF

Place de la Sorbonne
J'ai respiré l'odeur obscure des pavés arrachés
Le goudron noircissait sous la pluie
Un avion en papier est tombé à mes pieds
L'enfance n'avait pas fui
Place de la Sorbonne

PLS – YM

Place de la Sorbonne
j'ai rencontré Michel
de son regard bleuté
il m'a souri Michel
puis s'en est retourné
Place de la Sorbonne

PLS – MaV

Place de la Sorbonne
J'ai bu un peu de ma jeunesse
J'avais dû prendre des chemins
Moins fréquentés par ce qu'on laisse
De nos années, mais j'étais bien
Place de la Sorbonne

PLS – BD

Place de la Sorbonne
j'ai voulu marcher entre les pavés où glissait la pluie
mais mes pieds n'étaient pas assez petits
ils ont préféré l'eau de la fontaine
on se fait souvent mouiller sans gêne
Place de la Sorbonne

PLS – EA

Place de la Sorbonne
J'ai entendu son nom pleuvoir
« Ami défroqué du coin »
« Défi du coq aumônier »
J'ai dansé dos nu sous l'ondée
Place de la Sorbonne

VIS-À-VIS

POÈMES DE

JUDITH CHAVANNE

TEXTE 1

Il se fait un grand calme de la pivoine à soi
la maison dort, personne encore ne bouge, ne parle
aucun bruit venu de la rue ne dérange
la rencontre au matin avec la fleur ;
la pivoine que vous regardez vous place à côté d'elle
elle vous dévisage
et vous refait une âme sans prévention ni défense
vous qui êtes seul avec elle.

TEXTE 2

Le matin, avant que nul dans la rue ne paraisse, les oiseaux
Boivent à claires gorgées le ciel. Un chant d'oiseau ruisselle.
Aspersion, baptême pour qui, de sa fenêtre, écoute l'aube.

Judith Chavanne
Entre le silence et l'arbre, Gallimard, 1997, p. 90 et 91.

COMMENTAIRES DE

JEAN-PIERRE LEMAIRE

Le cadre du premier poème est celui de la maison silencieuse au début de la journée quand le premier levé se trouve seul avec les choses. Moment de recueillement propice à un calme renversement du rapport que nous avons avec elles ; c'est une véritable rencontre, un petit cérémonial où la pivoine, nommée avant le témoin qui la regarde (et auquel le lecteur est associé par l'emploi du « vous ») a l'initiative : la fleur place l'homme à côté d'elle, comme une reine qui ferait une faveur à l'un de ses invités, et son pouvoir va même jusqu'à lui refaire « une âme sans prévention ni défense ». Bain lustral, baptême (le mot figure dans le poème suivant) de la contemplation matinale où nous retrouvons dans le silence de la rencontre une disposition virginale à l'accueil, par la grâce des choses.

Le second poème, bien plus bref, prolonge le premier sur le mode mineur, en apportant de légères transformations : même moment suspendu entre la nuit et la journée, avant le retour des autres, même posture contemplative de celui qui a ici ouvert sa fenêtre sur la rue (et sur le monde). L'animal a remplacé la fleur, et la sensation s'est enrichie : le texte file dans les trois phrases une métaphore aquatique, qui prépare la mention du baptême — donné à celui qui sait accueillir le chant d'oiseau qui accompagne l'aube.

TEXTE 3

Il montrait sa paume effacée,
tel un damné

(de l'étoile ses nuits avaient-elles
seulement préservé la mémoire ?)

qui n'avait recueilli l'empreinte
d'aucun geste.

Judith Chavanne
La douce aumône, éd. Empreintes, 2002, p.11.

Ce bref poème de six vers courts, répartis en distiques, est insolite dans l'œuvre de Judith Chavanne, aussi bien par sa facture que par son contenu. Peut-être inspiré comme la plupart des autres poèmes par une circonstance, il a nettement la portée d'une parabole, indiquant ce qu'est pour l'auteur la « damnation » : n'avoir rien su accueillir, « recueillir », des rencontres humaines (puisqu'il s'agit d'une main ouverte), mais aussi des cadeaux quotidiens que nous recevons des êtres et des choses (un merle, une pivoine) quand nous sommes sensibles aux signes qu'ils nous adressent. La mémoire peut quelquefois nous donner une seconde chance si les êtres que nous avons négligés sur le moment, devenus lointains comme l'étoile, ont du moins laissé une trace en nous : la parenthèse introduit obliquement l'interrogation inquiète que suscite cette pensée. Mais une telle chance est refusée à celui qui montre « sa paume effacée ». Ainsi s'éclaire dramatiquement le titre de l'ensemble, *la douce aumône* : don de la vie, don du poème à ceux qui acceptent le sceau des rencontres dans leur main, leur regard, leur « chair émue ». Sinon, c'est en vain que nous serons passés sur terre.

TEXTE 4

L'hiver, les arbres se taisent, l'air est un peu empesé.
Il y aura tellement plus de publicité donnée à nos actes
quand viendront le printemps puis l'été dans les jardins diserts
sous les feuilles volubiles et la lumière qui se répand.
Les êtres en ce moment font des réserves de silence et de solitude,
l'un parfois posté derrière la fenêtre, vertical comme le rideau.
L'expérience suspendue
– comme dans les nuages le léger rose avant le crépuscule –
descendra au profond de nous jusque dans le sang,
elle modifiera le rythme des cœurs.
Mais on enfonce pour l'heure dans le secret jusqu'à la racine,
il fait de nous, femme ou homme, des gens debout.

Judith Chavanne
Le Don de solitude, L'Arrière-pays, 2003, p. 25.

Encore une heure silencieuse, hivernale cette fois, quand il ne se passe apparemment rien, rien en tout cas qui mérite d'être dit, publié — et les jardins muets, les feuilles, la lumière reprendront comme nous leur bavardage à la belle saison. C'est justement à ce qui se passe de lent et d'invisible dans ces moments-là que la poésie de Judith Chavanne nous rend attentifs : pendant cette hibernation se constituent des « réserves de silence et de solitude » où les êtres puiseront ensuite leur force. Mais comment décrire ce qui a lieu loin des regards, ce qui ne fait pas sensation ? D'abord, comme un « suspens » de l'expérience, comparé à l'infime pause de la lumière avant la tombée du jour, puis comme une descente « au plus profond de nous » qui « modifiera le rythme des cœurs » — et au sein de cet univers atone, la seule note de couleur est donnée par le rose crépusculaire des nuages, dans une comparaison dont la typographie souligne l'irruption. L'accumulation secrète se poursuit aussi bien dehors que dedans, à l'intérieur des arbres et en nous, de part et d'autre de la fenêtre derrière laquelle se tient le témoin immobile, « vertical comme le rideau ». Mais la verticalité change de sens à la fin du poème : le dépôt devient surrection. Ceux qui ont accepté de se laisser remplir par ces heures lentes ne seront pas livrés à la dispersion, éparpillés par les vents, les orages, les multiples sollicitations de la « vie active ». L'attention que réclamait de nous le poème est soudain justifiée par le dernier mot, qui nous révèle comment on grandit dans le temps que notre civilisation déprécie le plus : l'attente « debout ».

TEXTE 5

Parfois, la main de l'un sur l'autre main se pose,
ce peut être même sans se regarder ;

assis côte à côte dans le jour transparent, ils se savent
ensemble en cette légère pression : les chairs,
le réseau des veines saillant, les os
et le frais métal de la bague ;

c'est tout leur appui dans le temps.

Une paume
sur le revers d'une autre comme un oiseau frêle
venu se percher.

Il n'est plus temps pour eux de s'aimer de tout leur corps,
mais en cet îlot vivant
où l'étreinte se resserre, et le cœur toujours battant.

Judith Chavanne
Un seul bruissement, Le bois d'Orion, 2009, p. 65.

Ici, la source de l'émotion n'est plus le regard (« ce peut être même sans regarder ») qu'une femme porte sur son jardin, une chose ou un enfant, mais un contact — « la main de l'un sur l'autre se pose » — dans un couple dont la vie commune sans doute déjà longue est attestée par cet indice matériel, « le frais métal de la bague ». Contact d'un instant, mais qui soutient l'existence entière, deux existences, dans la durée. Rien de pesant pourtant : une « légère pression », mais qui retentit dans tout le corps, propagée par « le réseau des veines saillant, les os ». Ces signes visibles de vieillesse éveillent pourtant le souvenir des étreintes de naguère dont on s'est détaché, gardant « le cœur toujours battant ». La nature même participe à l'événement sous la forme d'une comparaison imagée (« comme un oiseau frêle / venu se percher ») rappelant d'autres poèmes, notamment le premier du recueil. Cet « îlot vivant » fait vibrer la mer de l'espace et du temps autour de lui. Les petits signes où se ressourcent l'amour, la confiance réciproque qui portent notre vie, sont souvent muets. Un poème a parfois le privilège de mettre sur de tels moments quelques mots, silencieux aussi, justes quand ils savent rejoindre l'intimité et respecter la pudeur du geste. Ceux de Judith Chavanne le font briller dans l'ordinaire des jours d'un éclat doux comme celui de la bague, élèvent dans leur lumière le bonheur patiné d'un couple, rarement célébré.

TEXTE 6

La brodeuse dans le train de banlieue
Qu'éclaire la lumière sale d'une vitre empoussiérée,
Silencieuse,
Seule à l'être parmi les bruits et le vacarme,
Se tisse peu à peu depuis l'intérieur
Une chambre invisible ;
C'est de son cœur qu'elle a déroulé
le fil qui ne s'épuise, le sentiment d'aimer
qu'elle tire, pique, tire à nouveau
comme on respire ;
vulnérable ainsi penchée
sur son travail presque moins que sur son amour,
la dentelle en cours inachevée,
mais sachant ce qui, déjà, est accompli.

Judith Chavanne
Un seul bruissement, Le bois d'Orion, 2009, p. 42.

Voici une scène de genre qui s'ouvre sur la mention de « la brodeuse », personnage unique du poème, qui semble préfigurer un tableau à la Vermeer. Mais notre attente est trompée dès la fin du premier vers : au lieu d'un paisible intérieur hollandais, le décor est celui d'une modernité dépouillée des prestiges qu'elle avait encore pour Baudelaire et Verlaine, et évocatrice du quotidien contemporain le plus aliénant — un train de banlieue où le jour est sale, envahi par le vacarme. Cependant le décor ferroviaire et les bruits s'effacent vite, absorbés par l'aura de silence qui émane de la brodeuse, comme si l'attention du poète était attirée par une autre attention, celle que la voyageuse porte à son ouvrage. Il y a en effet un mystère dans ces gestes simples, que rend ici l'exercice constant de l'analogie : le fil qu'ils tirent est infini, il se déroule à partir de la pelote du cœur. Cette activité est le signe et l'exercice d'un amour, elle donne à voir la respiration d'une âme. La dentelle est « en cours », mais une vie de dévouement y arrive déjà à son accomplissement. Judith Chavanne va, selon la formule que Claudel opposait à un vers célèbre de Baudelaire, « au fond du défini pour y trouver de l'inépuisable ».

JUDITH CHAVANNE est née en 1967. Elle vit et enseigne en Île-de-France. Son premier recueil de poésie, *Entre le silence et l'arbre* (Gallimard, 1996), a reçu le prix de la Vocation et le prix Louise Labé. Elle a également fait paraître *La douce aumône* (Empreintes, 2002), *Le Don de solitude* (L'arrière-pays, 2003) et *Un seul bruissement* (Le bois d'Orion, 2009). Judith Chavanne collabore à de nombreuses revues (*La Sape, Le Nouveau Recueil, Scherzo, Arpa, Sorgue, Rehauts*...). Elle a par ailleurs soutenu en novembre 2001 une thèse de doctorat sur l'œuvre de Philippe Jaccottet (*Philippe Jaccottet : une poétique de l'ouverture*, 2003, éditions Seli Arslan).

JEAN-PIERRE LEMAIRE est né en 1948. Il vit et enseigne les Lettres à Paris. Il a publié son premier recueil de poésie, *Les Marges du jour* (La Dogana), en 1981. Dernières publications : *Figure humaine* (Gallimard, 2008) et *Marcher dans la neige* (Bayard, 2008). La revue *Tra-jectoires* lui a consacré en 2004 un important dossier (contributions de Guy Goffette, Paul de Roux, Pierre Oster, Philippe Jaccottet, Marie-Claire Bancquart, Pascal Riou...).

CONFRONTATIONS

LA POÉSIE CONTEMPORAINE ET LA QUESTION DU SENS

GABRIELLE ALTHEN

FORMES ET FORME. LES COLLUSIONS NÉCESSAIRES

Confrontation : faut-il que la diversité des formes et des finalités de la poésie française d'aujourd'hui s'impose à ce point comme une évidence que la première livraison d'une toute jeune revue de poésie lui consacre sa rubrique ? Et, en effet. Il suffit de feuilleter une revue, une anthologie, pour s'en convaincre : on en est parvenu à ce que la définition générique semble caduque. Plus encore, c'est la langue, notre langue, qui quelquefois en est méconnaissable. Nous voici loin des différences rythmiques qui ne traduisaient que celles des tempéraments et des visions du monde. Les poèmes semblent pour beaucoup vouloir par les temps qui courent devenir des ovnis. Peut-être même le sont-ils tous devenus, les plus classiques y compris, tant ils ont gagné désormais eux aussi en étrangeté.

Plutôt cependant que d'évoquer les singularités de tant de voies et de voix diverses, je voudrais tenter de repérer, en amont des formes qui se donnent à lire, la raison d'une telle diversité.

La principale, qui est elle-même la conséquence d'un faisceau de causes complexes, qui impliqueraient, pour être élucidées, une connaissance approfondie de qui nous sommes nous-mêmes, tient au fait qu'aucune norme ne s'impose. Les règles semblent être tombées en désuétude. Plus de vers, plus de rythmes, plus de formes qui soient obligatoires. Nous sommes donc tous obligés de repartir à nouveaux frais pour oser poser le premier mot, non plus du premier vers, comme le préconisait Rilke, mais de la phrase initiale de chacun de nos poèmes. Il faut donc toujours tout inventer. Toujours tout inventer chaque fois, c'est-à-dire à chaque nouveau poème. Inventer même la langue, parfois, puisque, déconstruction oblige, elle est elle aussi sujette à examen et à remaniement. Bref, on détricote et on tricote.

Le premier résultat en est que chacun peut ou veut proclamer ceci : *je n'écris pas comme toi*. Et mieux encore : *Je n'écris comme personne*. Pourtant si deux feuilles du même arbre ne sont jamais strictement identiques, les feuilles d'oliviers et les feuilles de chênes ne se laissent pas confondre. Tous ces poèmes qui tendent à ne ressembler chacun qu'à eux-mêmes ont aussi leur famille. Sans doute, au bout du compte, les poètes aussi. Ils ont chacun leur manière, leur allure et leur langue, mais aussi leur catégorie. Il n'en est peut-être pas plus aisé de se définir soi-même érable ou géranium géant.

Ce constat n'est qu'un constat. Il m'inspire deux remarques. La toute première tient à la poésie elle-même. Si est prose, et bonne prose, toute formulation parvenant par les moyens qui sont les siens à être clairement compréhensible, la poésie requiert une alliance plus manifeste entre son dire et ce qu'elle dit. Ainsi je ne comprends résolument pas comment certains critiques ont pu affirmer que Dostoïevski écrivait mal. À mon sens, la catégorie des mauvais stylistes exclut quiconque parvient à partager propos si puissant et notations si profondément exactes, quel qu'en soit le registre. La clarté de cet ordre de parole mène alors au point où elle se retourne en mystère et c'est en effet le cas pour Dostoïevski.

En revanche, la poésie suppose autre chose, non seulement de s'évanouir dans le partage du sens auquel elle autorise, mais d'avoir une autonomie signifiante, de parler en somme à la première personne. Elle surgit de ce fait d'une sorte de collusion entre le dire actif et ce qu'il distribue. Il fut des temps où la chose paraissait si naturelle qu'elle en était codifiée. Vers, strophes, formes élégiaques, ritournelles... c'était là autant de méthodes pour ployer la langue dans le sens de la chose à dire. Mais nous n'en sommes plus là et ceux-là même des poètes qui continuent d'écrire selon les anciens codes, en strophes ou en alexandrins, ont encore à en acclimater l'outil.

Contrairement aux apparences, ce désaveu des codes traditionnels n'est pas désaveu de tout code. La forme renaît de ses décombres et la poésie y gagne ses allures de phénix. Ce n'est donc pas de forme que nous nous trouvons dépouillés aujourd'hui, mais de signes extérieurs de poésie, exactement comme il est dit, dans les services de perception des impôts, signes extérieurs de richesse. C'est à l'évidence et à la codification par l'extérieur du dire poétique que nos générations choisissent par prédilection de renoncer, non à ce qui induit sa singularité profonde. Du reste, on le sait, il est possible d'être riche et de vivre comme un rat. La richesse ne se confond pas avec la dépense.

Autant dire que notre commun manque de recours aux signes du poétique peut n'être pas signe de pénurie. Il est du reste en ce sens quelques phrases fortes de Baudelaire par lesquelles il justifie son choix de l'apparence de prose du *Spleen de Paris*. La question n'est donc plus celle de la forme de la forme, mais celle de l'efficacité poétique de cette dernière. Autre question, qui se règle au cas par cas.

C'est qu'il n'est pas de poésie sans forme, comme il n'est pas de dessin sans contours, dût celui-ci être aussi répété, multiplié, et repris que celui qui cerne certains des portraits de Giacometti. Un poète véritable peut secréter, sinon son chant, sa rythmique, en même temps que ses dissonances et ses heurts, s'il lui en faut. Il peut aussi élire une forme qui renonce à chanter, l'important étant que son poème batte selon son pouls. Certes, cela s'invente, mais l'inventer revient à inventer sa règle.

Il n'y a donc pas de poèmes sans forme, pas de poèmes sans règle et celle-ci revient toujours à renoncer à certaines possibilités heureuses de la prose. Quelle chose étonnante que la poésie, qui pour être libre et pour rester poésie, doive parfois y renoncer ! Serait-ce qu'il n'y a pas de poésie sans prosodie ? Le paradoxe pourrait bien ouvrir des perspectives à l'infini. Impossible, en tout cas, de se passer de cette alliance improvisée de la forme nécessaire en tout état de cause et de la liberté d'allure dont nous sommes, par fait de génération, devenus si friands.

La seconde de mes remarques me fait aller en arrière. Elle me provient d'un doute. Si je suis assurée que toute véritable poésie trouve toujours sa forme, y compris quand elle l'invente, je ne suis pas persuadée que le mouvement permanent soit toujours un gain. C'est qu'à tout devoir à tout moment inventer et réinventer, nous pourrions bien éprouver quelque fatigue.

L'habitude et les repères qu'elle dispense, la forme en prêt à porter, si l'on veut, n'est pas absolument sans vertu et elle permet quelquefois de déblayer nos différents terrains. Mais à nous, il faut toujours tout faire. De même que je me prends à espérer m'ennuyer quand je suis trop active, il est des jours où je voudrais me glisser dans un vêtement dont je n'ai pas dessiné le patron. C'est en ce sens peut-être que trop de liberté parfois peut mener au vertige et au cafouillage qui est le contraire de la liberté.

Mais je n'en dirai pas plus sur ce point, car le sujet de la contrainte et de l'invention poétique a déjà été rebattu dans les écoles. Je note simplement que les leçons du passé et les recettes déjà existantes permettent quelquefois de gagner du temps et d'éviter le sentiment erroné d'avoir découvert le fil à couper le beurre – ou l'Amérique.

Cela posé, de tout temps, avec ou sans formes préétablies, il y a toujours eu, et il y aura toujours, de bons et de mauvais poètes, comme de tout temps aussi il y a eu des poèmes qui disaient leur chose avec des inflexions si justes que le lecteur y gagnait la révélation d'un *c'est cela ! C'est exactement cela !* et qu'il s'en émouvait, et continue de s'en émouvoir...

Ces petites choses rappelées, je vais m'engager davantage. René Char disait du poète que *son métier était métier de pointe*. Je le crois. Dans sa pensée, le métier de poète et celui d'homme se superposaient. Le langage, c'est-à-dire la forme abstraite du partage, la distribution de la signification à l'adresse de l'autre, ce trait d'union indéfectible entre l'un et l'autre, entre le moi et son destinataire, me paraît en effet correspondre à l'une des pointes du vivre. Or la poésie est elle-même la pointe de cet effort de langage, la pointe d'une pointe, en somme. On ne s'étonnera pas que j'y voie une expérience ontologique – ou je préfèrerais faire des confitures. Or étrangement, ce qui sépare la poésie des autres manières de langage, c'est non pas seulement l'importance de sa forme, mais que celle-ci fasse partie de son message. Même les enfants le savent, qui aiment tant les comptines.

Compter aurait donc sens, y compris lorsqu'on joue avec les mots, et l'on sait bien que le rythme procède des nombres. Or c'est ce compte-là qui met en joie et cette joie est spécifique de la parole qui paraît faire sens toute seule, de celle qui semble, même quand c'est faux, exclure le calcul, et tombe d'elle-même, comme d'elle-même, sur ce qu'elle devait exprimer, dont la véhémence s'en accroît. Je sais que cette parole-là n'est pas si répandue, qu'elle s'éclaire de trouvailles mais qu'il y faut aussi du labeur et sais aussi que, pour moi du moins, elle procède d'une méditation par laquelle ce qu'elle est par elle-même a autant d'importance que ce que je suis et que la part du monde qu'elle entend rameuter, selon une triangulation où se joignent le moi qui s'exprime, son destinataire et ce dont elle rend compte, puisque parler revient toujours à prendre l'initiative de dire quelque chose à quelqu'un.

Je sais encore que c'est une parole totale, qui dit le monde, et j'appelle monde tout ce qui est, vous et moi compris, mais qui parle par sa présence et par lui. C'est du reste la raison pour laquelle elle ne s'adresse pas, comme l'on croit, seulement à l'intellect de personnes dites cultivées, mais au cœur, au corps, à la mémoire, à l'enfance, à l'inconscient, aux sensations, comme à l'intelligence et à tout ce dont un homme est fait. Nous sommes bâtis en effet d'un corps et d'une tête, d'entrailles, mais aussi d'une histoire, de souvenirs, de projets d'avenir, de désirs, de forces et de faiblesses, et c'est tout cela que la poésie dit, comme c'est à cela qu'elle s'adresse et c'est pourquoi elle est susceptible de beaucoup plus de destinataires qu'on ne le croit communément.

Peut-être même a-t-elle pour vocation de toucher ceux qui l'écoutent sans préventions jusqu'à se retrouver en elle. Cela ne l'empêche certainement pas d'être mystérieuse, mais elle ne l'est au demeurant pas plus que nous. Au vrai, elle nous ressemble. Pour autant, elle vaut ce que nous valons. Ce qui induit qu'il faut lui prêter attention, lui témoigner quelques égards et même l'aimer.

Afin qu'il n'y soit rien changé, posait un titre de René Char sur les formes de l'amour qu'il magnifiait. Si au bout du compte, il en allait pour de bon ainsi de la poésie qui, quand elle est poésie, à la fois change et ne change pas ?

LAURENT FOURCAUT

UN *COGITO* DE LA POÉSIE CONTEMPORAINE : LE RÉEL DU TEXTE

Chacun est avare de ses désirs

T'AO YÜAN MING [1]

Si l'on s'interroge sur la relation au sens de la poésie contemporaine, en tout cas d'une bonne partie de cette production, on est nécessairement conduit, il me semble, à prendre en compte au premier chef sa réflexivité ou, si l'on préfère, son autoréférentialité. Et voici ce à quoi on aboutit alors – sans se cacher le caractère inévitablement schématique à quoi un cadre restreint voue cette analyse[2].

L'entreprise poétique repose foncièrement sur un paradoxe. Elle cherche à saisir, comme son objet inéluctable, le *réel*, à savoir le non symbolisable, tant en moi que hors de moi, ce que Maurice Blanchot appelle le *dehors*, le dehors du langage. Or elle est toute de langage et ressortit donc au symbolique, le symbole étant par définition ce qui se substitue à ce dont il est le symbole. De là que le langage est, pour l'artiste – et pas seulement pour le poète – cet écran qui vient s'interposer tragiquement entre son désir et le réel, en ce qu'il est toujours peu ou prou maternel : « Le monde muet est notre seule patrie »[3]. Le poème va par conséquent devoir faire du langage un usage proprement *homéopathique*, vaincre le mal par le mal : par une utilisation particulière du langage, à rebours du symbolique. En le traitant comme une chose – Sartre a écrit là-dessus quelques pages décisives[4]–, comme de la chose, comme un corps, le sens y circulant, dans tous les réseaux entrecroisés ménagés par la *signifiance*, exactement comme un sang, et cette circulation ininterrompue est la condition de la validité du texte, de son aptitude à faire entrer dans son organisme textuel quelque chose du réel. En somme, *c'est en jouant sur son propre réel* de corps langagier que le poème touche au réel et du coup prend véritablement sens.

Décrivons derechef ce même fonctionnement mais cette fois en nous référant à la thèse proposée par le Groupe Mu dans sa *Rhétorique de la poésie*[5]. Dans tout poème sont présentes trois « super-isotopies » : l'*anthropos* (l'homme, la culture) ; le *cosmos* (le monde, la nature) ; le *logos* (le langage, le texte du poème). Au début, *anthropos* et *cosmos* sont dans une relation de divorce, de rupture et, ajouterai-je, dès lors que le monde a un caractère maternel, de lien ombilical brisé. J'ajoute également que c'est toujours, d'une façon ou d'une autre, le langage, pour les raisons susdites, qui est responsable, en dernière analyse, de ce hiatus tragique. Le *logos*, explique le Groupe Mu, donc le poème même, joue le rôle de médiateur : il vise à réconcilier et à réunir, par ses moyens propres, l'homme et le monde mère. Par ses moyens propres, c'est-à-dire en se constituant comme *corps médian* (à l'intersection des mots et des choses, du langage et du réel), organisme textuel/pulsionnel, dans lequel corps désirant de l'homme et corps maternel du monde viennent, d'une certaine manière, fusionner.

Voici maintenant deux exemples, l'analyse de deux poèmes, l'un de Jacques Roubaud, l'autre de William Cliff. Ces brèves études seront l'occasion d'illustrer les principes qui viennent d'être exposés, mais aussi de les compléter quelque peu.

Le premier texte est une adaptation par Roubaud d'un *tanka* japonais.

à quoi comparer
ce monde
à la vague blanche derrière
un bateau parti à la rame
dans l'aube[6]

Comme tout poème, celui-ci commence par un *geste de conversion du réel en texte* : le corps du monde est transmué en corps textuel, pour que s'y accomplissent les noces. C'est l'affaire ici du premier vers « à quoi comparer ». La comparaison est opération purement langagière. Comparer « ce monde » à quoi que ce soit, c'est le changer en comparé, en objet de langage. Complétons maintenant cette annexe des lois que j'ai cru pouvoir formuler. La transmutation que voilà s'effectue en deux temps. D'abord le *cosmos* est converti en papier, en page blanche, *sur la base de leur commun dénominateur* : un espace informe, ou plutôt uniforme et indifférencié. Cette propriété est ensuite *thématisée* dans le discours du texte qui commence, où elle se coule en quelque sorte dans un (ou plusieurs) des éléments du paradigme (maternel) de l'uniforme-indifférencié : la terre, la mer, le ciel, la nuit. Thématisation complémentaire : l'infrastructure matérielle du texte se traduit dans les diverses occurrences du blanc – la feuille de papier, équivalent-monde – et du noir – les mots sur cette page, équivalent du corps individuel qui vient ainsi *se marier* avec l'équivalent-monde. Or ce mariage s'effectue selon une dialectique de fusion et de retrait, lesquels entrent en effet inéluctablement en tension : car se fondre dans le grand blanc maternel, cela revient, fût-ce *pour de faux*, à mourir, ce qui suscite un réflexe d'auto-conservation, donc de retrait. En somme, le rapport du corps noir du texte avec le fond blanc de la page mime le rapport désiré-redouté de l'homme avec le monde mère, et fonctionne de ce fait comme le théâtre selon Aristote : il est le lieu d'une nécessaire catharsis ; **le poète joue à se perdre dans l'utérus cosmique par corps du texte interposé.** À ces deux « postulations », opposées et complémentaires, de fusion et de retrait, Giono a donné, dans un livre génial, encore trop peu connu, *Noé* (1948), les noms de *perte* et d'*avarice* (du désir).

Dans le *tanka* de Jacques Roubaud, « la vague blanche » combine exemplairement le blanc de la page et sa traduction dans le motif archétypal de la mer (mère). Certes, « la vague » n'est pas la mer, mais c'est que le poème est par définition une opération de miniaturisation (de l'objet du désir). Dès lors, le texte se laisse lire d'un bout à l'autre comme une mise en abyme de son écriture, en ce qu'elle est essentiellement (substitut de l') acte amoureux. Le « bateau » qui s'aventure sur cette "mer" en réduction, c'est bien sûr le corps même d'un texte qui en effet, depuis tout à l'heure, a progressé, si l'on veut, sur la surface du papier. Et « la rame » au moyen de laquelle avance le bateau-poème, c'est évidemment, en même temps qu'un symbole phallique, le stylo. Dans son premier roman, *Naissance de l'Odyssée*, réécriture parodique d'Homère, Giono faisait dire à Ulysse de retour à Ithaque, pour justifier sa trop longue absence, que son navire avait été la proie de sortilèges, très loin,

« dans une mer qui ne porte pas de vaisseaux. Jamais rame crétoise n'écrira sur cette eau »[7]. Le derniers vers, « dans l'aube », est admirable. L'aube connote quelque chose comme un héroïque commencement (*cf.* "l'aube de la vie") : c'est bien d'une *aventure* qu'il s'agit, celle qui consiste à s'élancer sur cette mer pour s'y perdre corps et biens. Aussi bien le dernier mot du texte, « aube », comporte-t-il sa valeur étymologique, *alba*, la *blanche* : le bateau-poème se promet à lui-même, au moment où il s'achève, qu'il va *s'abîmer* dans le grand blanc de la mer, en un véritable *regressus ad uterum*. D'ailleurs la disposition typographique des vers, plus ou moins décalés par rapport à la marge, figure un corps troué, ouvert sur son dehors, (dé)formant un texte *qui fait eau de toutes parts*. Voilà pour la perte. Quant à l'avarice, elle est également à l'œuvre, en sous-main : quoi que le texte se raconte à lui-même en fait de perte en mer, le bateau n'a pas bougé, il est toujours là, au milieu de la page, intact. Seul le désir du lecteur, pendant quelques instants, aura ranimé, venant coïncider avec celui qui l'avait une fois lancé, le dynamisme de sa signifiance.

L'autre texte est un dizain récent de William Cliff, grand poète belge né en 1940. Dizain en décasyllabes, à l'instar de ceux de la *Délie* de Maurice Scève, une des grandes références de Cliff.

atterré par l'horreur que je voyais
les voitures le modernisme bête
je me mis à marcher car je croyais
trouver plus loin autre chose peut-être
je vis l'eau apaisante m'apparaître
et l'herbe entre les cailloux du vieux port
un homme souriant me dit alors
la complication des bras de la Loire
et m'enfonçant toujours plus loin je sors
enfin de l'horreur qu'on me faisait boire

Nantes, 10 octobre 2003[8]

Les deux premiers vers notent le divorce douloureux entre le poète et le monde (social), abâtardi par les formes modernes de la vie urbaine. Le mot « atterré » fonctionne comme un embrayeur d'isotopies : il dit à la fois l'accablement de l'homme (il est comme *jeté à terre*) sous le poids d'une vie souffrant de s'être coupée de ses racines, c'est-à-dire de la maternelle *terre*, et la voie du salut, les retrouvailles avec cette terre, précisément (*atterrer*, étymologiquement, signifie *gagner la terre*). Ces retrouvailles vont en effet se produire, mais dans et par le texte élaboré comme un équivalent terre.

Un texte qui s'écrit en retraçant sa propre genèse. En effet, parmi les nombreuses métaphores de l'écriture qu'il contient, la première est celle de la marche que l'on fait, sur une route ou un chemin. Cette image n'est pas originale, on la trouve un peu partout : voir par exemple *Les grands chemins*, de Giono, ou « Le Jardin aux sentiers qui bifurquent », de Borges (in *Fictions*, 1941). C'est elle du reste que nous avions tout à l'heure avec le bateau *faisant route* sur la mer. C'est parce que le monde moderne est inhabitable que, explique le poète, « [il se] mi[t] à marcher » ; autrement dit, qu'il a fallu entrer dans l'espace du poème en commençant à l'écrire, un poème à la forme au demeurant toute *classique*.

Aussi bien ce poème narratif obéit-il à une structure de quête, quête au fondement de tout récit telle qu'elle a été décrite par Jean-Michel Adam[9] et dont voici la grande ligne. Sur la base d'un manque initial causé par un méfait, la quête est lancée de l'objet qui comblera le manque. Le héros (sujet) reçoit d'abord mission de partir en quête de l'objet (acquisition du vouloir faire). Il lui faut ensuite acquérir la compétence (savoir et pouvoir faire), qui lui va lui permettre de s'emparer en effet de l'objet. C'est alors qu'il est agressé par le faux héros (anti-sujet d'une quête concurrente) ; mais il est sauvé et peut ainsi remplir son contrat en remettant l'objet à son destinataire. Ce dernier le reconnaît et le récompense, tandis que le méchant est démasqué et puni.

Le manque initial est le lien brisé avec la terre mère. Le sujet se mande lui-même en s'assignant une quête : « trouver plus loin autre chose ». L'objet est atteint, l'eau se substituant à la terre à l'intérieur du paradigme de l'informe origine : « je vis l'eau apaisante m'apparaître ». L'adjectif « apaisante » marque bien la suspension de la douleur suscitée par le manque. Le vers 8 correspond parfaitement, sous le masque de l'euphémisation, à l'étape suivante, où le héros est agressé par l'anti-sujet qui lui dérobe l'objet. Seulement, pour le bien mesurer, il faut prendre en compte la dimension œdipienne de la présente quête. Le héros (Fils) ayant atteint l'eau Mère se heurte aussitôt à l'interdit proféré par le Père, reconnaissable sous le déguisement (euphémisme) de l'« homme souriant » (ainsi les anciens Grecs avaient-ils baptisé *Euménides* – « les Bienveillantes » – les terrifiantes Érinyes). L'interdit : « me dit alors/ la complication des bras de la Loire ». Le terme « bras » est utilisé ici avec deux sens, l'un dérivé : divisions d'un cours d'eau que partagent des îles, l'autre propre : « la Loire », personnifiée, est la Mère qui prend dans ses bras. Mais la syllepse s'étend sur « complication » : à la fois plis, sinuosités des bras de la rivière, et embarras, difficulté, voire, au sens médical, phénomènes morbides. Les deux sens finalement se superposent : l'homme met en garde le promeneur contre le risque de s'égarer dans ces méandres ; le Père menace en avertissant que les embrassements de la Mère exposent le Fils à *se perdre*.

Ce redoutable concurrent, le Père, est écarté *par la conversion du réel en texte*, laquelle se laisse lire entre les lignes des trois derniers vers, mais était effective, bien entendu, depuis le premier mot tracé du poème, et singulièrement depuis *sa mise en marche*. Au piège œdipien castrateur, le poète substitue le *labyrinthe en papier* du texte : « la complication des bras de la Loire » est en effet aussi mise en abyme du texte dans sa consubstantielle arborescence. Cependant, pour que ce labyrinthe joue pleinement le rôle que le poète lui assigne, et en vue duquel il le construit, il faut qu'à y pénétrer, à y circuler, on goûte quand même quelque chose de la perte, et de la perte dans sa nature véritable et dernière, la fusion mortelle avec la Mère. C'est pourquoi l'avancée dans le texte se donne maintenant pour un *regressus ad uterum* : « et m'enfonçant toujours plus loin ». Même à blanc, même noir sur blanc, il faut payer de quelque chose, si l'on veut retirer un bénéfice de ce simulacre de perte-dans-le-labyrinthe. Scénario initiatique type : mort symbolique par retour dans la matrice, et renaissance à un autre statut : « je sors ».

La reprise du syntagme « l'horreur » au dernier vers, à une place exactement symétrique de celle de la première occurrence (v. 1), souligne répétition mais aussi différence : le verbe final « boire », qui implique un objet liquide, atteste que l'objet de l'épouvante s'est déplacé : non plus le monde moderne, mais bien « la Loire » : c'est pour la fuir, Elle, et s'unir à Elle dans son duplicata de papier que le poème a finalement été écrit. Il fonctionne en effet comme le théâtre de l'assouvissement du désir, où se *jouent* les noces désirées-redoutées avec la Mère. De là le très curieux vers 5 : « je vis l'eau apaisante m'apparaître ». On attendait : « je vis l'eau apaisante apparaître » ou « l'eau apaisante m'apparut ». L'apparente incohérence syntaxique fait sens : à la lettre, le « je » assiste, dans le poème qu'il crée à cet effet, à sa rencontre avec l'eau mère, et à ce qui s'ensuit. S'éclaire aussi le vers 6, « et l'herbe entre les cailloux du vieux port ». L'herbe poussant sur une surface uniforme, terre ou, comme ici, pierre (souvenir de l'expression "l'herbe pousse entre les pavés"), est une nouvelle métaphore de l'écriture, une métaphore qui vise à la naturaliser, à la donner pour une *seconde nature* : à authentifier le texte comme un double valable du réel, afin que les noces avec celui-ci, dans et par le corps du texte, vaillent elles-mêmes quelque chose. Poussant à même le « vieux port », l'écriture-herbe peut se prévaloir d'une immédiate proximité avec l'eau mère : comme un port, elle *donne directement* sur elle. Enfin et par conséquent, c'est sa façon à elle d'occuper la place convoitée du (vieux) Père, présent en filigrane dans ce « vieux port ».

*

Voilà, à grands traits, comment l'autoréférentialité du poème contemporain, recourbé sur son propre réel, bien loin de signifier repli stérile sur soi, est le moyen détourné mais efficace, et finalement, selon moi, le seul, de s'approcher du réel même du monde et des êtres. Et c'est là que réside son sens : en jouant sur toutes les facettes de la matérialité de son corps langagier (je n'en ai éclairé ici que quelques-unes : il faudrait parler également, à tout le moins, du travail sur les sons et les rythmes), il retrempe le sens dans tous les fonctionnements matériels, sensuels, dynamiques qui le produisent et qui, ranimés et relancés par l'écriture poétique, le maintiennent, lui, en allègre état de métamorphose. C'est ainsi que le langage, en poésie, cesse d'être un ghetto, fût-il doré, et devient un *bon conducteur du désir*.

1. In *Les Yeux du dragon. Petits poèmes chinois. Anthologie.* Traduit et présenté par Daniel Giraud, Paris, Seuil, « Points Poésie », 2009, p. 23.
2. On pourra se reporter, pour plus de détails, à L. Fourcaut, *Lectures de la poésie française moderne et contemporaine*, A. Colin, « 128 », 2005.
3. « Le monde muet est notre seule patrie » : c'est le titre d'une brève section (1952) de *Le Grand Recueil, II, Méthodes*, in Francis Ponge, *Œuvres complètes*, tome I, Gallimard, « Bibliothèque de la Pléiade », 1999, p. 629. Cette même phrase conclut la section, p. 631.
4. Jean-Paul Sartre, *Qu'est-ce que la littérature ?*, Gallimard, 1948, rééd. « Folio Essais », 1985, pp. 17-21.
5. Groupe Mu, *Rhétorique de la poésie. Lecture linéaire, lecture tabulaire*, Bruxelles, éd. Complexe, 1977. On trouvera un résumé très clair de cette thèse dans M. Delcroix et F. Hallyn (dir.), *Méthodes du texte. Introduction aux études littéraires*, Duculot, 1987, p. 46.
6. Jacques Roubaud, *Mono no aware. Le Sentiment des choses. Cent quarante-trois poèmes empruntés au japonais*. Gallimard, 1970, rééd. 2001, p. 41.
7. Jean Giono, *Naissance de l'Odyssée, Œuvres romanesques complètes*, Gallimard, « Bibliothèque de la Pléiade », t. 1, 1982, p. 100.
8. Poème publié dans *Une salve d'avenir. L'espoir, anthologie poétique*. Poèmes inédits. Préface d'Edgar Morin. Le Printemps des Poètes et Éditions Gallimard, 2004, p. 58. Repris, avec une légère variante, dans W. Cliff, *Le Pain quotidien*, La Table ronde, « L'Usage des jours », 2006, p. 54.
9. Sous la forme d'un « modèle canonique de 25 macropropositions narratives », dans *Le Texte narratif*, Nathan, « Nathan Université », 1985, p. 81.

GABRIELLE ALTHEN, de son vrai nom Colette Astier, est née en 1939. Elle est professeure émérite de littérature comparée à l'Université de Paris X-Nanterre. Poète, elle a fait paraître, depuis *Le Cœur solaire* (Rougerie, 1976), une douzaine de livres, parmi lesquels *Le Nu Vigile* (dessins de Javier Vilato, La Barbacane, 1995), *Sans preuves* (Dune, 2000), *Cœur fondateur* (illustrations de Pierre Mézin, Voix d'encre, 2006), *La Belle Mendiante*, suivi de *Lettres à Gabrielle Althen* de René Char (L'Oreille du Loup, 2009). Ses poèmes figurent dans de nombreuses anthologies. Elle est également l'auteure d'un essai sur l'art, *Proximité du sphinx* (Intertextes, 1991) et d'une étude sur Dostoïevski, *Le Meurtre et l'Espérance* (Cerf, 2006). On doit à Gabrielle Althen, engagée dans une collaboration avec des peintres, plusieurs livres d'art. Sur son œuvre, on consultera l'article « Gabrielle Althen » de Michèle Finck dans le *Dictionnaire de poésie de Baudelaire à nos jours* (dir. Michel Jarrety, P.U.F., 2001, pp. 10-11).

LAURENT FOURCAUT est né en 1950. Professeur de littérature française à Paris-Sorbonne/Paris IV (IUFM de Paris), il est spécialiste des œuvres de Jean Giono (il dirige la série *Jean Giono* de « La Revue des lettres modernes », aux éditions Minard) et de Georges Simenon. Il travaille également sur la poésie française contemporaine. Il est notamment l'auteur de *Lectures de la poésie française moderne et contemporaine* (A. Colin, 2005), d'un *« Alcools » d'Apollinaire* (Bordas, 2005, épuisé) et d'un *Claude Nougaro : la bête est l'ange. Imaginaire et poétique* (L'Harmattan, 2007). Il a dirigé le numéro 39 de la revue *Nu(e)* consacré à Esther Tellermann (2008). Il achève un essai sur l'œuvre de Dominique Fourcade. Il a fait paraître deux livres de poésie : *Sonnets pour rien* (Tarabuste, 2006) et *En attendant la fin du moi* (Bérénice, 2010).

COMPTES RENDUS

DAN FANTE - *De l'alcool dur et du génie, Poèmes choisis 1983-2002*, **13e Note Éditions, 2010, 191 p. Traduit de l'anglais (États-Unis) par Léon Marcadet, préface de Joyce Fante, introduction de Ben Pleasants.**

La vie des fils est toujours plus difficile quand il s'agit pour eux de se faire un nom, ou un prénom, par rapport à des pères qui ont connu le succès, notamment dans le domaine artistique. C'est vrai dans le cinéma, la chanson, parfois en littérature romanesque, mais c'est beaucoup plus rare en poésie.

Dan Fante est le fils de son père John, un auteur de romans et de scénarios à succès à Hollywood. Son roman *Mon chien stupide* est un bijou savoureux qui promène le lecteur entre le rire et un regard particulier sur la vie. Un texte universel.

Dan est poète. Et s'il s'est découvert poète sur le tard, à plus de quarante-cinq ans passés, c'est qu'il a vécu très longtemps dans l'ombre de son puissant et renommé père. Mais loin d'avoir été déterminés par un conflit supposé entre père et fils, les tenants et aboutissants de leurs relations auraient pu s'énoncer dans cette question : comment exister indépendamment de son géniteur dans le champ littéraire ?

Dan a eu une vie difficile, perdu entre alcool, drogue, échecs matrimoniaux et petits boulots dans les États-Unis de l'ère Reagan puis dans ceux des Bush père et fils... Comment vivre sa vie quand on travaille comme une bête de somme dans un taxi, quand l'espoir se limite à un bar où dialoguer avec son double lorsque les bouteilles de mauvais whisky tombent comme à Wagram ? Puis, après cures de désintoxication et séances des alcooliques anonymes pour accéder à une nouvelle vie possible, arrive soudain le besoin vital de l'écriture, avec le souvenir d'un père qui a construit sa vie et son nom sur une œuvre reconnue internationalement. Comme dans un bon scénario populaire, vient la première expérience éditoriale après des dizaines de manuscrits envoyés et refusés. L'heure de l'existence a sonné, la vraie, la vie vécue pour l'écriture, mais surtout par et pour la poésie. Et cette poésie n'est pas une écriture pastiche, ou de contrebande, elle ne peut traduire que la vérité, la réalité qu'a connue Dan Fante, dans son tragique, sa monotonie, son absurdité fondamentale, sa misère aussi.

Le livre de Dan Fante s'inscrit dans la lignée de ceux des grands auteurs américains comme Carver, Brautigan, Hirschmann, qui nous parlent d'eux à travers la réalité sociale américaine.

Certains pourraient juger cette poésie mineure. Mais en vérité ces poèmes ne trichent pas, ils disent sincèrement leurs états d'âme. Dan Fante s'est donc fait un prénom. Il continue le regard des Fante sur l'Amérique contemporaine. Ces poèmes peuvent aussi paraître pessimistes, voire nihilistes. Les vers de Dan Fante sont des coups de fouet, ils soulignent le rôle libérateur de l'écriture pour l'individu qui écrit, et soulèvent le lecteur qui, ébahi, peut envisager un autre chemin, parfois directement dans les traces paternelles.

Dante Fante a prouvé qu'il ne faut jamais désespérer et que tout peut arriver, sans forcément qu'on en soit réduit à dévorer les pères. Un jour.

Les écrivains qui n'écrivent pas, dis-je
c'est comme les putes qui ne sucent pas
ils devraient changer de métier

JEAN-MICHEL PLATIER

JEAN FOLLAIN - ***À table*. Recettes de Jacques et Laurent Pourcel. Dessins de Daniel Nadaud. Suivi d'une note de Jacques Réda. Fata Morgana, 2009, 150 p.**

Ce bel ouvrage est une opportune réédition du livre intitulé *La Table*, paru en 1984 chez le même éditeur. Jean Follain (1903-

1971), natif de Canisy dans la Manche, est un des poètes les plus originaux du XXe siècle ; on lira de lui, en particulier, *Exister*, suivi de *Territoires*, dans la collection « Poésie » (Gallimard). Avocat, puis magistrat, écrivain très singulier, il était, quoique sans religion, un passionné de toutes les formes de rituels et de cérémonies, comme en témoignent ces deux titres de lui, *Cérémonial bas-normand* et *Petit glossaire de l'argot ecclésiastique*. Il évoque ici les repas d'apparat où « la grande liturgie est de rigueur (p. 27), estime les huîtres plates « plus cérémonieuses » (p. 63), explique qu'en Suisse, manger la fondue « reste d'ordre rituel et festif » (p. 114). Gourmet très délicat autant qu'érudit, il propose, dans ce précieux livre, considérations, souvenirs, anecdotes, points d'histoire, sur tout ce qui a trait à l'*art de la table*. Et, pour le coup, avec lui, la gastronomie, mais aussi bien la « cuisine populaire » (p. 45) dès lors qu'elle est authentique parce qu'enracinée dans une tradition, apparaissent véritablement comme un art, c'est-à-dire comme relevant de cette pratique humaine essentielle qui permet d'apprivoiser le monde dans les formes inédites et suaves d'un langage ; car la cuisine selon Follain, comme pour ses maîtres en la matière, au premier rang desquels « Antonin Carême, créateur de la grande cuisine française » (p. 14), a manifestement sa « grammaire » et ses figures, elle est un lieu privilégié d'échanges improbables et subtils entre culture et nature : la grande vise à « exprimer la noblesse et la variété des aliments terrestres » (p. 13).

En cela, bien sûr, la science du gourmet rejoint la plus haute poésie, à commencer par celle de Follain lui-même – mais plus généralement s'inscrit dans une longue tradition où cuisine et littérature se *nourrissent* l'une l'autre, et le livre ne se fait pas faute de mentionner ou de citer des écrivains, de Pétrone à Francis Ponge en passant par Flaubert et Alexandre Dumas. Pure poésie, dans le développement sur « Pain et boulange », cet admirable paragraphe : « En certains lieux, les grandes miches blanches attendent le tranchoir des femmes amoureuses qui se réveillent la nuit pour le soldat déserteur, ô pain du soir, ô pain de nuit qui apparaît alors d'une blancheur irréelle. L'Ève qui est près de l'homme est enfermée dans la châsse de sa robe, ses seins précieux vivent de la sourde vie des plantes irriguées de sang. » (p. 90). On lit d'ailleurs dans cet *À table* des recettes rares, d'une grande densité, voire étrangeté poétique : celles, par exemple, de « la confection de la *graisse à soupe* » (p. 51) ou de la « préparation de sang de cochon » (p. 53), jadis prisée en Basse-Normandie, des multiples sauces aux noms odorants, délicieusement obsolètes (pp. 56-60), d'une « façon de traiter le veau, à peu près inédite » (p. 62) que Follain tenait de son ami le poète Léon-Paul Fargue, d'un entremets à la pomme de terre qu'il vit faire à sa grand-mère (p. 84). La pomme de terre fait du reste l'objet d'un long chapitre (pp. 73-85), où il est savamment question de son histoire, de ses nombreuses variétés, des diverses manières de l'accommoder – Follain étant par ailleurs l'auteur d'un petit livre titré *Célébration de la pomme de terre* (1966). On tombe aussi sur de succulentes curiosités, comme ce *Rôti-cochon*, ancienne méthode pour apprendre à lire, fondée sur le principe fort moderne consistant à « ordonner leur effort [aux écoliers] autour d'un centre d'intérêt évident » (p. 122), en l'occurrence « les bienfaits et les joies des nourritures ».

La paysannerie, selon l'auteur, dans la « lenteur mesurée, quasi hiératique » (p. 13) qu'elle apporte à se nourrir des « biens de la terre » (p. 96), atteint naturellement au sacré, c'est-à-dire à un accord fusionnel avec le monde : « Seuls, quelques bourgeois mais surtout nos paysans pratiquent à table une lenteur mesurée, ces derniers même mangent avec un certain hiératisme dans leurs gestes, conscients de la vertu des nourritures. » (p. 95). À l'inverse, il juge sévèrement le laisser-aller à table importé d'Amérique (pp. 27-28), et surtout la mode moderne des repas expéditifs. On imagine sans peine la répulsion que lui aurait inspirée la triste formule du *fast food*. En somme, Jean Follain célèbre les nourritures terrestres de la civilisation de sa prime jeunesse, celle des « temps d'avant 1914 » (p. 77), gardant « au fond de [lui] la vision des heures colorées d'autrefois, des béatitudes d'enfance » (p. 144).

La brève « Note » finale de Jacques Réda, une merveille d'intelligence et d'écriture, achève de rendre délectable la lecture de ce livre.

LAURENT FOURCAUT

DOMINIQUE GRANDMONT, *Mots comme la route*, coll. « Doute B.a.t. », Tarabuste, 2009.

Cette poésie est un corps à corps avec la pesanteur de l'instant. Sa poétique est un art de la course. Son chiffre est la vitesse du trait. « Le poids des mots est une faute », « Pas besoin d'insister ». Ce principe d'élan, avant de rebondir sur le duel de proses et de poèmes qui rythme le texte, nous saisit dès la section éponyme, qui emporte le recueil à sa suite. Nous voici lancés à la poursuite d'aphorismes qui se pressent, figure d'une vitalité de la pensée qui n'asserte rien dont elle n'anticipe le dépassement (« à l'inverse » ou « et non l'inverse » sont les maîtres-mots de cette dialectique fiévreuse) et nous plante là, occupés que nous *restons* à mesurer la portée du dit quand le dire prépare déjà une autre « flèche » (symbole omniprésent), et garde une longueur d'avance. « Les mots sont comme la route, on ne peut en vouloir aux écrivains s'ils vont plus vite que leur pensée », dit une des phrases clefs du livre, et un des possibles du titre. Le temps de reprendre souffle sur le bas-côté, et le lecteur se surprend à penser qu'à travers ce discours de l'urgence paradoxale, à travers cette aventure hâtive d'un vertige de la pensée où, bien en deçà des arrêts de la raison, l'un peut sourdre du multiple, la vie de la mort, la fin de l'infini, la propulsion de la stase (comme l'inverse), se perpétue, se condense et s'exacerbe certainement l'intrigante rêverie d'un des primitifs de l'expérience poétique : la pensée présocratique, et sa diction des contraires. « Nous nous baignons et nous ne nous baignons pas dans le même fleuve », asserte une célèbre pensée d'Héraclite. On sait le très vif intérêt que porte Dominique Grandmont à la civilisation grecque. Préfaçant sa traduction des œuvres de Yannis Ritsos, il estimait naguère que les figures d'Agamemnon ou d'Iphigénie renaissent indéfiniment sous les traits de la Grèce actuelle. Rien d'illogique au fait que sa propre œuvre poétique manifeste une pérennité de nature parallèle. Peu importe que l'innutrition soit consciente ou inconsciente, directe ou indirecte – puisée à la source, ou prise à l'image du monde présocratique qu'a réfléchie la critique du XXe siècle, celle d'un Blanchot par exemple, quand il pense, étymologiquement, le *neutre*. La résurgence est bien là, dans cette poésie qui s'essaie ouvertement à penser l'être de l'espace et du temps (« le temps qui passe et le temps qui ne passe pas » – versant héraclitéen et versant éléate réunis), mais le pense sur un mode préphilosophique, où la pénétration des lois de l'univers ne sait pas encore le divorce entre ce qui s'éprouve d'une présence empirique, et ce que la connaissance en abstrait. Portée qu'elle est à l'imprévisible sursaut, et tout éclatée qu'elle paraisse, sur mille routes divergentes, on soupçonne pourtant que cette pesée critique de notre condition a bien un *centre* où elle se *resserre* – au sens où l'entend le Philippe Jaccottet de *Semaisons* (avril 1971) quand il refait sienne la théorie du cercle herméneutique. Ce foyer, je le verrais volontiers dans cet aphorisme poétique: « La vie est ce qui ne cesse de naître et de n'être en nous que sa propre trace éphémère ». Non seulement parce que l'énoncé se resserre, trait constant, autour d'une figure focale, mixte de paronomase et d'antithèse qui peut aller jusqu'à la recomposition anagrammatique (« Apparaître, être à part », « Oubliés éblouis », etc.), forme de calembour étymologique qui n'est certes pas la propriété de Dominique Grandmont, mais où l'inflexion personnelle se lit dans une sémiotique du surgissement que double l'instantanéité d'un effacement, et dans la concentration extrême de sa diction. Mais aussi et surtout parce que cet aphorisme-là nous conduit à cette déclaration-ci, raccourci d'un art poétique, ou au moins de son désir : « j'écris dans une langue qui n'a jamais commencé ». Le paradoxe est d'une parfaite logique puisque cette écriture est tout entière une dialectique rendue sensible de la fin, qui bande toutes les armes de l'invention et de l'élocution contre la fatalité d'un terme, qui ne veut saisir et donner de tout avènement que le climax fugace de son émotion (« notations brutes pour rejoindre ce qui n'a pas commencé ») – avant que toute conduite d'un développement ne soit source d'entropie, avant qu'aucune forme de pause, de retour, de *ré-initialisation*, ne nous installe dans la logique mortifère d'un commencement, qui implique un temps fini. De cet exercice d'un cursif qui ne voudrait pas *prendre fin*, les symptômes sont multiples. Un premier : aucun paragraphe dans cette prose. Je n'insiste pas. L'alinéa, c'est la mort. Un deuxième : pas de vers ici à proprement parler. Et si chant il y a, et rythme, profonds, ils ne se constituent que contre toute reprise, tout isosyllabisme marqué, toute homophonie terminale ou médiane trop audible. La déconstruction du mètre est bien autre chose en l'occurrence qu'un label de modernité – bien usé. C'est une figure d'in-quiétude. On verra dans la dernière section (« Soleil sur les cités s'arrache ») ce que devient, étonnamment réinventée, la forme dite fixe des dix sonnets. La poésie est *prorsus*, droite route d'une inlassable projection vers l'avant où le vers systématiquement enjambe sur le vers, la laisse sur la laisse, le poème sur le poème – grâce le plus souvent, symptôme marqué, au contre-rejet externe d'un mot grammatical : ainsi le vers d'avant ne touche pas à sa fin, ainsi le vers d'après ne commence-t-il pas, puisqu'il a déjà commencé, ainsi le discours en fuite est-il ce qui toujours doit se rattraper (« Les paumes cet écrin de braise / au creux d'une phrase laissée en / Suspens ont beau recommencer / n'arrivent plus à rattraper le début »). Dernier indice, l'énoncé de la métaphore, pareillement signé : « Fenêtres sont des cris », « Étoiles sont des trains », « Un papier froissé, cet avion », etc. Métaphores dont l'immédiateté est décuplée par le régime surelliptique de la syntaxe. Régime qui n'est d'ailleurs pas limité au seul trope, mais dont la forme la plus saillante, l'économie des articles, est omniprésente : la nomination prend de court la désignation, le discours n'a pas le temps de s'arrêter à une référence, un réel s'impose contre la réalité, le « corps à corps » des deux définissant pour Dominique Grandmont (il s'en explique dans sa préface aux poésies de Ritsos) la poésie même. Métaphores dont l'intensité est augmentée par une formulation régressive, qui livre presque toujours en premier ce qui se donne moins, quand on le découvre, pour un comparant, que pour la dictée instantanée d'une vision originaire, dirait la phénoménologie. Comme s'il fallait presque moins de temps pour écrire ou lire la métaphore qu'il n'en faut au percept pour avoir lieu.

Telle est la loi de cette œuvre : le temps *a* cours, le style *est* course, il est ici ce qui prend la réalité de vitesse.

J'invite le lecteur, toutes affaires cessantes, à courir après ce livre, et je lui souhaite à la lecture autant de plaisir que m'en a procuré ce très intense, très exigeant et très généreux témoignage (« Fonction témoin », titre de la sixième section), un des plus authentiques en tout cas que puisse nous livrer l'aujourd'hui de notre poésie.

GÉRARD BERTHOMIEU

ALAIN GUILLARD, *Ombre androgyne*. Préface de Jacques Morin, éditions Jacques Brémond, 2008, 82 pages.

Les 64 textes rassemblés dans le dernier recueil d'Alain Guillard, s'ils sont de formes très différentes (vers libres, proses courtes ou longues, fragments, voire ligne unique), participent d'un seul et même projet : esquisser le portrait (ou l'ombre de ce portrait) d'un être inachevé, complexe, déroutant, d'un « garçon sans importance collective, tout juste un individu » comme disait Céline (relayé par Sartre), une apparition fantomatique, une silhouette en clair-obscur dans laquelle il est permis de reconnaître celle de l'auteur.

Car c'est bien d'une autobiographie qu'il s'agit, mais il faut immédiatement ajouter : d'une autobiographie éclatée, parcellaire, en archipel, d'une mosaïque plutôt que d'un portrait. Le visage et le corps représentés ici proviennent davantage de la palette de Francis Bacon que de celle d'Ingres. Nous sont donnés à lire les fragments d'un journal très intime, d'une ou plutôt de plusieurs intimités désaccordées, une succession de notations brèves ne s'élargissant que rarement à la dimension du récit, un monologue éparpillé qui rappelle parfois celui de l'Ulysse joycien errant dans les rues de Dublin :

Rues
Où se perdre et renaître.

Le décor est ici celui de la proche banlieue parisienne, cette boucle ouest de la Seine où se côtoient tant de réalités différentes, des quartiers huppés de Neuilly aux friches industrielles de Boulogne-Billancourt, de « l'Auteuil du champ de courses à Renault abandonné » sur lequel crient les mouettes.

« Je marche dans ces rues où ma jeunesse

s'est risquée », nous dit Alain Guillard. Il y croise les fantômes de son enfance tôt détruite, de son adolescence inutilement provocatrice, de sa jeunesse hésitante, de sa maturité hypothétique. Ses souvenirs sont depuis longtemps partis à la dérive, ceux qu'il est parvenu à retenir sont autant de fragments d'un naufrage originel.

N'importe : il faut dire. Et redire, obstinément. Comme le souligne à juste titre Jacques Morin (que l'on ne remerciera jamais assez d'avoir choisi et rassemblé ces textes) dans sa préface : « Alain Guillard répètera s'il le faut le même accident, le même événement en variant les voix comme un alpiniste gravira un sommet par différentes voies. » Thèmes et variations : une approche jazzistique, une polyphonie issue d'une seule gorge.

Nous traversons la ville
Sans l'ombre d'une main
Des couteaux dans le corps.

Cette polyphonie, ces variations multiples sur un même thème peuvent se retrouver dans un seul texte, une seule page :
Trois moments d'un même poème.

Nul projet dans ces pages, nul avenir qui orienterait, structurerait le présent, donnerait sens à chaque jour :

Je ne me suis pas levé pour conquérir mon Amérique. Et doute de le faire jamais.

Tout au plus une série de constats (provisoires) :

Je demeure à la marge de tout. [...]
Tel qu'au premier jour mais plus près du dernier.

On y croise les ombres insistantes d'une famille disparue, celle d'un frère suicidé, d'un père taciturne :

Il faisait tendre et doux et c'était la dernière fois que nous échangions des silences selon une lointaine habitude.

On y croise aussi, comme des anges familiers et dérisoires, comme autant d'échappées belles, ces êtres pépiants que l'on devine indispensables à l'auteur, les *oiseaux comme des baleines autour de nous / quelle que soit leur apparence :/ Petite pépite par la porte entrouverte, ce moineau.*

Ou bien :

Un merle fuyant de mur en mur
Par échancrure de lumière.

Promesses d'un langage ? Ou plutôt *syllabes brèves d'oiseaux,* fragments disloqués, ébouriffés, envol désordonné d'une langue impossible.

Autre univers, autres créatures, autres tentations : celles des hippodromes, de l'univers des courses et de l'argent risqué, le temps de nier le hasard, de croire que la vie dépend d'un galop, d'une victoire : ...

et puis Majadal a gagné dans la dernière, et tout a semblé repartir.

Mais plus souvent l'échec, bien sûr, l'échec prévisible, inévitable, l'échec presque accepté d'avance, comme une métaphore de la vie qui attend ceux qui n'ont *pas les bonnes informations, une absence des informations qui gagnent, de celles sans lesquelles l'intelligence et le travail et le mérite ne peuvent rien.*

Au détour d'un poème sont évoquées, et ce n'est bien sûr pas un hasard, *certaines pages de Modiano,* lui aussi vagabond de paysages urbains à l'approche du soir, de « boulevards de ceinture », de « rue(s) des boutiques obscures », de carrefours d'une mémoire dévastée.

Ainsi que Balthus, le peintre de ce « Passage Saint-André » où les passants se croisent sans se regarder et peut-être bien sans se voir, le peintre de terrifiantes jeunes filles presque nues, qui attendent, qui attendent elles ne savent quoi, et que leur attente isole irrémédiablement.

Cette féminité est ici un aimant, qui triomphe vers la fin du recueil, opérant, imposant l'attraction vertigineuse, la traversée du miroir : Alain devient Liane, investit cette féminité que le hasard de la naissance lui a refusée, relie ses deux identités, ses quotidiennetés inverses, tisse le lien de leur rencontre.

La nuit et ses loups de velours, ses louves de cuir, chauve-souris j'irai.

Ce que Jacques Morin définit excellemment comme « le travestissement refoulé puis la transgression acceptée » entraîne vers des évocations brèves et crues de rencontres aiguës, de plaisirs foudroyants.

Puis le quotidien reprend, les jours de banlieue grise, de machinerie innocente dans sa cruauté même,

Grande meule blonde broyant êtres, oiseaux, poussières
Pour la farine blême du soir.

La poésie d'Alain Guillard est-elle un constat d'échec ? Nous dirons plutôt qu'elle dresse l'inventaire méticuleux d'« un sac plein de promesses inutilisables, périmées », dans une langue d'une précision parfaite, d'une musicalité discrète mais insistante, à laquelle le lecteur n'échappe pas. Je ne vois qu'un équivalent contemporain à cette écriture insistante de la difficulté d'être : la poésie de Franck Venaille, celui de *La Descente de l'Escaut*, de *Ça* ou de *Chaos*. C'est dire sa présence forte, la cohérence de son univers, la portée de sa voix.

PIERRE MAUBÉ

STÉPHANE JURANICS, *Dans l'écrit du monde*, Vénissieux, La Passe du Vent, 2009, 80 pages.

Stéphane Juranics est né en 1969 à Lyon, d'origine hongroise. Il partage son temps entre sa ville natale et la Bourgogne. Veilleur de nuit et documentaliste à mi-temps, il écrit depuis l'âge de 19 ans. Ses livres se situent entre le journal intime et le recueil de poèmes en prose.

Stéphane Juranics écrit, dans son ombre, et publie peu. Mais son travail poétique, puisque c'est un véritable labeur, existe depuis plus de vingt ans. Son premier livre, *La Veille du nocturne,* vit le jour en 1998.

Dans l'écrit du monde est paru à l'enseigne des éditions La Passe du Vent, éditeur lyonnais qui travaille sur la création contemporaine dans les domaines de la poésie et du théâtre notamment : Stéphane Juranics y inaugure une nouvelle collection de poésie où un recueil de poèmes est suivi d'une conversation avec l'auteur, avec comme coéquipiers les auteurs de renom que sont Yvon Le Men et Lionel Bourg.

Ainsi que l'affirme l'éditeur, les fragments ici rassemblés interrogent le monde et notre temps, dans une langue déstructurée. *Dans l'écrit du monde* exprime, donc, la rupture de vivre et revendique l'inachevé comme la nature véritable, inaliénable, de tous et de chacun.

la ville morte après l'oubli
quel exil ravalant les quartiers d'abîme
et ces rues ces visages débaptisés de temps
la rancœur des pierres
la dédicace des lierres
un instant toujours les mains savent
mains sépulcres des phrases

Dans ce livre puissant qui touche le lecteur par la langue et les sujets exprimés, Stéphane Juranics nous livre son univers, dans une écriture en permanente recherche. Ainsi poème, notes, courts textes en prose se répondent sans contrainte aucune. L'auteur manifeste donc une liberté revendiquée, laquelle n'exclut évidemment pas un important travail sur la langue, dans le sens d'une épure impliquant une certaine déstructuration syntaxique. Selon l'auteur lui-même, ce livre s'est ainsi constitué page après page, fragment après fragment. Ce livre peut être lu comme une quête obsessionnelle – avec la conscience de l'impérieuse nécessité pour chacun de mener cette quête – d'une langue où traduire au plus vrai, par la seule et intuitive transcription d'expérience vécue, les signes vibrants que le monde ne cesse de nous adresser en secret.

Ce livre n'est donc pas anodin : c'est un acte manifeste pour un vivre ensemble apaisé par un dialogue des pensées vraies et la scansion d'une intime parole collective enfin retrouvée.

JEAN-MICHEL PLATIER

ROBERT LITTELL, *L'Hirondelle avant l'orage,* éd. Baker Street, 2009, 336 p. Traduit de l'américain par Cécile Arnaud. Titre original : *The Stalin Epigram.*

Il fut un temps que les moins de vingt ans ne peuvent pas connaître… celui de la division de l'Europe par un mur hermétique, celui de la guerre idéologique et de la guerre froide. Mais avant cette période qui appartient désormais à l'Histoire, il fut un pays continent qui suscita l'espoir chez des générations entières brisées à l'Ouest par la Première Guerre mondiale. L'Union Soviétique concrétisa cet espoir, avant que la vérité ne tombe bien plus tard sur la réalité du régime stalinien.

Robert Littell est un auteur américain connu surtout pour ses livres d'espionnage où la réalité des rapports soviéto-américains est formidablement décrite, sans manichéisme aucun, l'auteur renvoyant souvent dos à dos dans ses romans ces deux systèmes pris dans une paranoïa anti-humaniste.

Avec son roman *L'Hirondelle avant l'orage*, l'auteur quitte son univers des hommes de l'ombre pour évoquer celui des poètes. Car ce roman est avant toutes choses un extraordinaire hommage aux poètes et à la poésie, et en particulier au poète Ossip Mandelstam. Ce dernier écrit une épigramme sans ambiguïté, qui circule sous le manteau, contre Staline, lequel le considère pourtant comme un des principaux poètes de la Russie soviétique. Ce roman illustre la résistance que peut opposer un seul individu, dès lors qu'il maîtrise l'art absolu qu'est la poésie, à un régime criminel qu'il dénonce, régime qui a détruit d'abord ceux-là mêmes qui avaient été les ouvriers de la révolution d'Octobre. En 1937, les deux tiers du Comité central avaient subi les purges des années terribles 1936-1938.

Littell décrit son personnage, sa vie au quotidien, la conscience des risques qu'il prend dans un climat de peur, d'abord pour sa vie et celle de ses proches, Akhmatova ou Pasternak, et l'irrésistible pente dans laquelle il s'est engagé. Se nouera un dialogue ahurissant, hallucinant, vécu ou fantasmé, et tout l'art de Littell est de dire les affres d'une rencontre hypothétique entre le dictateur et le poète, entre celui qui décide de la vie et de la mort de cent cinquante millions d'âmes, et un petit poète juif qui ne peut se résoudre à se taire, à être asservi, car il ne vit que par son écriture et ses vers.

Littell démontre ainsi la force potentielle de l'écrit qui fait trembler le maître du Kremlin. Ce dernier, malgré tous ses pouvoirs, sait qu'un seul homme peut faire chanceler un édifice construit sur la peur, la mort dans les caves de la Loubianka ou au goulag de tous ses opposants potentiels (*cf. Les Récits de la Kolyma* de Varlam Chalamov, éd. Verdier)...

Mandesltam subira son destin, certain de son devoir ; Joseph Staline tranchera le problème constitué par cet homme, un artiste engagé qui finira dans les fosses communes d'un camp sibérien le 27 décembre 1937.

Ce roman qui traite des cinq ultimes années de la vie du poète se révèle un essai sans pareil sur les relations entre les artistes et le pouvoir, sur l'étrange fascination entre deux hommes opposés mais dont chacun cherche son propre reflet dans le regard de l'autre, si étrange que cela puisse paraître. Certes, c'est un roman, donc une fiction. Mais c'est surtout un hommage à la poésie et à la parole des poètes : avec la certitude qu'un poème peut changer le monde.

JEAN-MICHEL PLATIER

MURIEL MINGAU, *Paradis à perdre*, **[Limoges,] Le Bruit des autres, 2008, 96 p.**

Dire debout.

D'abord, il y avait eu les temps d'insouciance... Nuits intrépides, jours joyeux, innocence. Puis les choses ont changé d'itinéraires, il faut parfois avoir le cran de s'en aller. Devenir exil à soi. Pesanteur administrative aux autres. Un étranger bref. Les temps de la rupture. Sans parole sinon l'improbable scansion de quelques voix. Qui s'obstinent à dire debout, avec des mots simples et des phrases-tambours, les histoires les plus vieilles du monde, « Toujours cette même histoire/ Mortifère »... Indifférences, hostilités, politesses glaciales des grands argentiers, maquereautages des états. Mais aussi, résistance. De ceux qui, n'ayant plus rien à perdre, renouent avec la clandestinité, cet obscur avatar de la fraternité. Et saluent, amers, les nantis, les décideurs, les peseurs d'âmes et de corps. Ici, un enfant achète son permis-de-vivre aux sergents recruteurs de la plus grande démocratie du monde, « On lui a promis/ S'il s'engage/ On lui donnera la nationalité » ; là, une femme contemple son île à elle, « un trottoir/ Gris macadam » ; ailleurs, d'interminables processions rappellent qu'on est « tous victimes mais certains plus que d'autres ». Tant à dire, si peu pour entendre. Alors viennent les temps de la colère : on égrène ou on implore le vaste foutoir du monde, la « Douce France et quelques autres horizons », le rêve américain… Et on se retrouve « écume d'humanité » devant l'écran noir des regrets. Suivront les temps de l'étrangeté, à soi et à sa terre, puis les temps immobiles, lorsqu'il ne reste plus rien. Rien, c'est juste l'autre nom de l'émigré. « Pas de papiers/ Autant dire/ Rien ». Bien sûr, les enfants recueillent les trésors de l'univers du bout des yeux, cadenassés dans une vitrine. Bien sûr, les souvenirs embellissent à mesure qu'ils disparaissent. Et les femmes n'en finissent pas de songer aux mémoires du cœur et des corps… Et après ?

Les « paradis à perdre » sont devenus hall de gare, interminable salle d'une interminable attente. On y fera les 100 pas à défaut des 400 coups ou des 1000 & 1 nuits ! On espérera un moment d'inattention des chiens de garde… frontière, le sourire navré et amical d'un autre anonyme, un poing tendu, une main serrée, un gamin jouant à saute-barbelés, une fille à qui gagne-perd. « Un peu lourd, non, cette histoire-là/ Oui c'est lourd/ Si vous saviez comme c'est lourd ».

C'est qu'il y a des phrases interdites de cité dans nos sociétés avancées, optimistes et entreprenantes : des phrases simples, des mots qui dénoncent la surdité sociale, l'aveuglement collectif, la myopie individuelle… « Une traversée de mots qui s'égarent et voudraient relier ». Alors de temps en temps, un passeur s'en empare, on qualifie ça de rêve et on pense à autre chose. Mais voilà, il arrive aussi que l'humilité du verbe effrite la superbe des donneurs de leçons. On appelle ça de la poésie. Et même si, au bout des contes, l'auteur demande « Mais à quoi sert donc/ Toute cette littérature », on sait bien que, comme le chantait Jean Ferrat, « le poète a toujours raison ». Et que ses mots rendent leur visage à ceux qui en sont privés.

ARNAUD DE MONTJOYE

ISABELLE PINÇON, ***Je suis abstrait. Van Gogh. Treize tableaux adressés à Théo.*** **[Limoges,] Le Bruit des autres, 2008, 125 p.**

Isabelle Pinçon, née en 1959, a fait paraître une dizaine de livres de poésie. Celui-ci propose, en treize « tableaux », sous forme de brèves proses (généralement une demi-page), une sorte de journal de l'artiste – composé « D'après les lettres de Vincent Van Gogh à son frère Théo », dont quelques fragments, sauf erreur, ici et là, accompagnent le texte en italique –, depuis ses débuts jusqu'aux derniers jours à Auvers-sur-Oise : dans l'antépénultième texte, le peintre décrit le portrait en cours, depuis célèbre, du docteur Gachet (p. 116). L'écriture de ces pages, à la succession délibérément décousue et comme trouée, est faite de phrases brèves, hachées, souvent nominales, d'une syntaxe heurtée, voire lacunaire : façon de rester au plus près d'un réel brut, en cassant les reins à tout lyrisme direct, à toute emphase ou édulcoration. L'auteure entend ainsi mimer la posture humble et véhémente du peintre, un Vincent à cent lieues de se voir en Van Gogh et qui tente désespérément d'adhérer au monde le plus immédiatement matériel : plantes, arbres, maisons, lumière, couleurs surtout, mais aussi le travail, très dur, des mineurs (p. 28), un monde qui n'offre qu'un « spectacle austère » (p. 21). Le Vincent de cet intense *Je suis abstrait* (« Je n'ai aucun désir vif. Aucun regret vif.// Je suis abstrait. » [p. 103]) dit son dénuement, sa solitude, son délabrement et, pour finir, après l'épisode de l'oreille coupée, allusivement évoqué (p. 92), son internement à l'hôpital, « au cabanon » (p. 98), sa « maladie » (pp. 97, 109), sa supposée « folie » (p. 95). Et sa volonté farouche de dessiner et de peindre les réalités les plus humbles, populaires, basses (p. 50), de « Saisir la vie sur le vif » (p. 52), ses doutes constants quant à son art (pp. 92, 101), son acharnement à peindre envers et contre tout : « Pourquoi refuser de prendre le possible. » (p. 113).

Isabelle Pinçon excelle à ce qu'on pourrait appeler une poétique de la gaucherie sobre, pathétique, extasiée. Parfois le pathétique, quoique hirsute, paraît un peu emprunté : « Plus je deviens dissipé. Plus je deviens malade. Plus je deviens cruche cassée. Plus je deviens artiste. » (p. 75), ou n'évite pas les *gros sabots* : (Vincent est amoureux) « J'affirme qu'un artiste a besoin d'amour pour devenir un artiste. J'affirme qu'un artiste a besoin de sentir avec son cœur pour devenir artiste. » (p. 42). Il reste qu'il y a là une voix, un timbre qui demeurent dans l'œil et dans l'oreille, inséparables d'une vraie expérience du réel se muant en un désespoir lustral.

LAURENT FOURCAUT

JAMES SACRÉ, ***Tissus mis par terre et dans le vent.*** **Photographies de Bernard Abadie. Bordeaux, Le Castor Astral, 2010, 86 p.**

James Sacré, né en 1939 dans une famille d'agriculteurs vendéens, instituteur puis universitaire (aux États-Unis), est sans aucun doute un des plus importants poètes contemporains. Auteur, depuis 1965, d'une cinquantaine de livres de poèmes, proche notamment d'Antoine Emaz, il ne cesse d'interroger la relation, inquiète, étroite et concrète, qu'il noue patiemment entre la matière des mots et la matière du « monde là-devant » (p. 9). Dans ce dernier livre, *Tissus mis par terre et dans le vent*, il fait entrer dans la relation un troisième terme – donnant lieu à une « figure trinitaire » (p. 63) –, celui des photos de Bernard Abadie, représentant draps, vêtements ou linges mis à sécher ou, à la fin, des surfaces moirées d'eau soyeuse. Mais la trinité mise en jeu est tout aussi bien celle qui rapproche et confronte « un long tissu de vie » (p. 7) – que reconstitue la mémoire depuis cette *bobine* de l'enfance où s'origine le *fort/da* qui trame la substance de tout art –, le « tissu » dont est fait le poème et « le tissu du monde » (p. 8). Car ces étoffes photographiées ont dû cristalliser l'homologie foncière entre *texte* et *tissu* que signale l'étymologie (texte : latin *textus*, de *texere*, « tisser »). Et James Sacré, avec une exacte et subtile *naïveté*, de filer la réciproque métaphore. Or ce qui le requiert par-dessus tout, c'est le *réel* d'un monde dans la continuité duquel le tissu maternel l'aura une fois pour toutes inscrit : « Évidemment que je m'en souviens plus/ Du gros lainage (ou coton, quelque chose de chaud, de solide)/ Qui m'a tenu serré : la petite chose qu'on était/ Entre le monde et les mains de maman. Évidemment. » (p. 39). C'est donc ce « lainage »-là que le « tissu de poèmes » (p. 67) s'attache obstinément à retisser. Et comme le propre de la texture muette des choses est de se défaire (à l'instar de ces « sols défaits dans le Sud-Ouest des États-Unis » [p. 28]) ou de « s'efface[*r*] » (p. 27), celle des mots à son tour se met en péril, privilégiant ce qui l'émiette ou la disloque, pour mieux retenir quelque chose de la « présence du monde en ses plus abandonnés fragments » (p. 20). De là cette syntaxe qui mime la gaucherie mélancolique du parler d'enfance : « Et ceux [*les chiffons*]/ Que j'enfonçais mon pied dedans/ En chaussant mes bottes. » (p. 34) ; « Souvent qu'on tendait par terre un grand drap » (p. 35), etc., et finit par moduler la voix si reconnaissable et si puissamment touchante de ce grand poète. Et aussi le recours à des mots singuliers de ce parler : « Canigé dessous » (p. 29), « les boulites des granges » (p. 33), « une barne » (p. 35)... Et surtout cette production artisanale d'un sens précautionneusement « déchiré » (pp. 60, 77), entre l'innocence volatile du « bruit » (« Le mot poème (sa matière de sens et de bruit) » [p. 57]) et la forme trop dessinée, trop figée du sens institué qui guette : « Je pense/ À la façon qu'a de progresser mon poème/ Entre le bruit des mots que j'emploie et forcément/ Du sens qui me vient/ Dans leur mise en forme (et leur brouillage malgré un désir de clarté)/ Sur le papier. » (p. 45). Cette réflexivité de l'écriture, en ce qu'elle déconstruit ses formes en les empêchant de *prendre*, a donc pour but de desserrer continûment la pression d'un sens convenu et de tordre son tissu à elle pour qu'il s'amalgame peu ou prou à ce « [*c*]hiffon roulé qui n'a plus de forme » (p. 13), tissu même du monde ; qu'il devienne « un bout de guenille qui mêle son doré/ À du pourri » (p. 71) : une tendre *forme-informe*, en somme.

LAURENT FOURCAUT

EFFACEMENT DE LA POÉSIE ? n° 156 de ***Littérature*****, décembre 2009 (contributions de C. Doumet, M. Deguy, J. C. Pinson, A. Pelletier, P. Drogi, B. Gorrillot, F. Cornilliat, C. Mouchard, J.-B. de Seynes).**

Syllepse ce titre, *bien entendu*.

Où se lit d'abord le sens passif d'un génitif. De la scène actuelle et de ses débats d'idées, de la logique omniéconomique de nos pratiques sociales et culturelles, la poésie, ce don gratuit, paraît désormais exclue. C'est en synchronie que M. Deguy pense les raisons actuelles de cette déchéance, avant de peser les chances d'une restauration. Avec son style tout dialectique : intraduisible, la poésie est aujourd'hui condamnée par la mondialisation des langages ; par ce défaut même, elle préservera demain, soutient-il, nos idiomes : « Babel est le trésor, les littératures protègent les langues ». C'est en diachronie que J. C. Pinson retrace pour sa part le passage d'un âge *naïf* à un âge *sentimental* de la poésie, et cherche à comprendre comment un exercice toujours plus réflexif et critique a pu la détourner d'une simple foi en la pérennité de son exercice et de sa fonction. Au terme d'une remarquable synthèse historique (cet article majeur mérite à lui seul la consultation de cette riche livraison), l'auteur tente de percevoir dans le panorama contemporain les ultimes avatars de ces trois caractères, le pastoral, l'hymnique, l'aristocratique, qui ont fait pour des millénaires l'autorité d'une parole poétique sûre de son aura, et dont l'effacement actuel est sans doute moins la preuve d'une ruine que l'indice d'une métamorphose.

Actif, le génitif oppose au discrédit où on la tient le pouvoir que la poésie détient. L'effacement n'est plus l'effet d'une exclusion, il serait un agent intrinsèque d'élocution. L'acte même, soutient par exemple P. Drogi, du langage poétique : inévitablement porté, par logique générique, à effacer du discours ce qu'y inscrit une fonction d'universel reportage ; inlassablement tenté, par procès historique, de soumettre « une nouvelle fois au filtre des mots tout ce qui échappe au langage », et, dans sa quête d'une formule toujours plus juste, toujours plus pure, de faire table rase des lieux trop dits, et de leurs formes. De cette dialectique d'une disparition qui se voudrait *ipso facto* renaissance, de sa poursuite jusqu'à ce point limite où la poésie n'interroge plus ce qui échappe au langage, mais tirerait son prestige de prêter forme à cette déperdition même, la production de C. Prigent propose une formulation extrême : « La poésie, [...] ça n'a pas à disparaître, [...] c'est [une] façon d'incarner le disparu » assurait naguère *À quoi bon encore des poètes ?*. Et les *incipit* de *Commencement* et de *Grand-mère Quéquette* tels que les commente l'étude de B. Gorrillot permettent de mesurer de cette logique absolue d'effacement le caractère tout à la fois radical, problématique, et peut-être inquiétant. Radical, puisque cette culture affichée de l'absence ne vise pas seulement les formes reçues d'une tradition lyrique, mais le langage même et l'impuissance de tout dire codifié à jamais rendre présent, de cette présence interrogée par Heidegger ou Bonnefoy, l'objet de son discours. Problématique aussi, puisque de cette réflexion diserte sur l'absence, on doute s'il faut retenir le versant négatif, ou positif. La seule déclaration théorique, et son jeu dialectique, me répondra certes que l'un est dans l'autre. Il en va différemment si à la déclaration de principe je préfère l'examen des seuls actes de l'art. De deux choses l'une, alors. Ou je mets le texte en accord avec la pensée. Et la posture régressive que manifeste cette *poésie* (*Ut in-fantia poiesis*, titre un des paragraphes de l'article) ne peut être, poussée au terme de son destin logique, qu'une étape sur la voie d'un silence définitif. Effacement, corps et biens. Ou je me dis que la régression, décidément, a bien du style, et je peux me laisser séduire par cette stylisation d'un mythe du logos primitif, par cette fabrique d'un éveil du pensant qui se voudrait à l'abri des déficiences du pensé trahi par son dit. À considérer alors ce *tout venant*, en deçà de la combinaison logique, des associations prélogiques que l'attraction paronymique est censé traduire, cet empilement, en deçà de la syntaxe, de monorhèmes opaques, ces fantômes d'une position balbutiante du conscient que doivent rendre des signes de ponctuation bruts (mais offerts à la vue avec une disposition savante de poème), à peser somme toute le surabondant appareil stylistique de ce monologue inférieur, je me dis que l'effacement est de poids, et que la défaite annoncée du langage a de très démonstratives allures de conquête. Conquête, au demeurant, qui ne laisse pas d'inquiéter. Car à effacer ainsi toute couche suffisante d'intelligibilité, à cultiver l'en deçà du logiquement formulable, et à tenir pour seulement trivial l'ordre du communicable, avec quel lectorat pourra-t-on communiquer ? La poésie est-elle encore dans la cité ? Et si oui, de quels sujets la cité se compose-t-elle ?

Limités à ces positions extrêmes, l'affaire serait vite entendue, le dossier clos : le prix que paie la poésie, ce serait le prix que paie nécessairement tout héroïsme formel quand l'hermétisme où le conduit son exigence esthétique éloigne de lui un public toujours plus rare, et qui pense trouver ailleurs de moins pénibles auxiliaires de rêve. Aux facteurs externes de l'exil, des causes proprement endogènes viennent ajouter leurs effets négatifs. Si pourtant c'est sous modalité interrogative qu'est présenté le titre de ce numéro, s'il reste donc matière à débattre, et raison d'espérer, c'est que se fait jour une voie (*voix* si l'on file la diathèse du génitif) moyenne, celle d'un *credo* conscient et mesuré, qui ne se cache pas que le rayon d'action de la poésie puisse être diminué, mais refuse de conclure à une crise irrémédiable du langage, qui vouerait l'écriture du poème à l'épuisement, et à un bouleversement irréversible des valeurs, qui condamnerait l'exercice du poète à la stérilité, en l'excluant des échanges vivants de notre univers social. Exprimé dès l'introduction par C. Doumet (belle réflexion sur la portée anthropologique des échanges, et sur la place que doit y tenir l'activité poétique), partagé par la majorité des auteurs, cet acte de foi lucide trouve sa formulation la plus heureuse sous la plume de J. C. Pinson, qui forge les étonnants mots-valises de *poèthe* et de *poéthique*, et choisit comme parole de ralliement le vers fameux de Jaccottet (fût-ce en infléchissant quelque peu, mais sans trahison, sa portée) : « L'effacement soit ma façon de resplendir ». Nouvelle charte qui place une morale au cœur de l'esthétique, et invite à faire vivre au moins deux impératifs. Refuser, en premier lieu, la fatalité d'un effacement social, et en inverser la logique en assumant la dissidence. Que ce soit par un silence actif au désert, ou par l'action d'une parole polémique, témoigner que la poésie, dit toujours J. C. Pinson, est « un *ethos*, un style singulier de vie, où chacun, cessant d'être un simple *homo œconomicus*, puisse se faire librement le poète de sa propre existence ». Ne pas céder, en second lieu, à la tentation maligne du négatif, et guérir la modernité poétique du cancer de l'ironie critique, de ce « permanent cynisme à l'égard de tout art acquis » où Foucault voyait la posture artistique majeure d'un siècle désormais révolu. Si l'on entreprend de *construire* une poésie, que ce soit avec la conscience que le geste positif de l'invention, quels qu'en soient pour finir l'achèvement et le succès, l'emporte nécessairement sur l'exhibition de la ruine. Place soit rendue à « l'assentiment lyrique », et à la confiance en une toujours possible naïveté.

Je laisse au lecteur, quand il parcourra le *Cahier de poèmes* qui complète ce numéro et bâtit un subtil contrepoint thématique et formel à la pensée théorique d'un effacement, le soin d'apprécier les *trouvailles* de ces textes, et de juger si à travers elles a pris corps cette promesse d'un retour de foi.

GÉRARD BERTHOMIEU

DISQUE

SERGE UTGE-ROYO, *Traces publiques*, Edito musiques, 2009.

S'il n'en restait qu'un, il serait celui-là. Un seul à chanter la fraternité, à dénoncer les injustices tout en aimant, profondément, la vie. Fils d'exilés catalans de la guerre d'Espagne, sa discographie est composée, outre ses propres chansons, de la série de disques *Contrechants de ma mémoire*, où il interprète des chants de révolte espagnols, mais aussi de la Commune de Paris. Si on devait lui chercher une filiation, elle serait là, dans ces chants populaires de tous les opprimés. Il ne se donne pas une posture de chanteur engagé parce que ce serait à la mode. C'est d'ailleurs dès 1985 qu'il écrit une chanson qui traite de la montée de l'extrémisme, « Amis dessous la cendre », qui est devenue un de ses classiques.

Ce nouvel album, *Traces publiques*, est composé d'enregistrements en public, notamment dans des salles parisiennes où il se produit régulièrement, l'Européen et le Vingtième théâtre, mais également dans d'autres villes. Il est composé à la fois de nouvelles et d'anciennes chansons, où l'on retrouve son attention aux autres, sa révolte lorsqu'il est question de ce « siècle perdu » où « tous les étrangers se méfient des fourrières » ou des Indiens d'Amérique (« Cinq cents hivers »), mais aussi sa tendresse pour les « humains », un terme qu'il affectionne : *Moi, je salue la vie, comme un cadeau du temps/ La Terre est un miracle dans la nuit de la peur/ Je guette les sourires de tous les continents/ Et je remplis mes yeux de gouttes de bonheur.*

Il est aussi l'un des rares aujourd'hui à pouvoir glisser dans son répertoire quelques chansons de Léo Ferré en leur restituant à la fois leur émotion et leur force, ce qu'il fait dans cet album avec « Les anarchistes ».

Et puis, lui qui chante rarement l'amour, il reprend une chanson de Bernard Haillant : *Le jour où nous serons vieux/ Au dernier soir de notre hiver/ Tu sais, tu pourras être fière/ D'avoir rendu un homme heureux.*

Cet amour qui dure et se prolonge dans le vieillissement lui est cher, c'est pour cette raison qu'il reprend « Saturne », de Georges Brassens, ce dieu qui joue à faire blanchir les cheveux de la femme aimée sans altérer sa beauté, et où « la petite pisseuse d'en face/ Peut bien aller se rhabiller ».

Parmi ses anciens titres présents dans *Traces publiques* figure « Étoiles blafardes de mai », sur mai 68. Là aussi, aucun opportunisme facile, cette chanson date de 1997, et en parle avec chaleur et sans moralisme : *C'était une fête/ Un hymne au printemps/ Un chant d'impatience/ D'amour imparfait...*

L'amitié fraternelle est un thème fondateur du répertoire d'Utgé-Royo, et l'on retrouve ici les « Compagnons de rimes et de notes » et « C'est l'instant de se faire des signes », où il donne sens à son métier, revendiquant un rôle de porteur d'interrogations, de révoltes, et aussi, car c'est bien de cela qu'il s'agit, d'intelligence : *Nos refrains n'étaient pas trop indignes/ Essayez de vous en souvenir.*

Utgé-Royo est bien un chanteur de regard, avant tout, sur le monde et les êtres. C'est dans le refrain d'une de ses nouvelles chansons qu'il le définit le mieux : *J'entends gronder le vent, qui porte la colère/ Malgré la peur du loup et la loi du plus fort.*

MATTHIAS VINCENOT

LIVRES REÇUS

JEANINE BAUDE, ***Juste une pierre noire*, Paris, éditions Bruno Doucey, coll. « Soleil noir », 2010, 101 p.**

MATHIEU BÉNÉZET, *Il vient d'un enfant dans un autre livre*, frontispice de Philippe Hélénon, St Gély du Fesc, L'Arachnoïde, 2011, 128 p.

YANN MIGOUBERT (dir.), *Pierres gravées, chiffres d'une voix. Mélanges in memoriam Michel Viel*, Paris, éditions du Relief, 2011, 485 p.

JACQUES MOULIN, *Archives d'îles*, Amay (Belgique), L'Arbre à paroles, coll. « Résidences », 2010, 65 p.

FRANÇOIS RANNOU, *Contretemps paradist*, [Rennes,] La Rivière Échappée, 2009, 168 p.

JAMES SACRÉ, *Mobile de camions couleurs*. Photographies de Michel Butor, [Besançon,] éditions Virgile, « Écrire la lumière », 2010, 68 p.

JEAN-LUC STEINMETZ, *Les Poètes de l'île verte. Anthologie*, éditions La Passe du Vent, « Poésie », 2010, 111 p.

SITES INTERNET

UN LIEU POUR L'ACTUALITÉ DE LA POÉSIE ÉDITÉE

S'il est un constat qui est très vite fait, c'est celui de l'absence de la poésie dans la plupart des médias. Les milieux concernés, poètes, éditeurs, grands lecteurs de poésie, en sont bien conscients mais ce qui est sans doute plus préoccupant, c'est qu'un public plus large ne s'en rend même plus compte. Les journaux comme *Le Monde* ou *Libération* consacrent quelques très rares recensions aux livres de poésie et ils le font de préférence aux périodes creuses ; à la radio, sa place se réduit comme peau de chagrin et si certains se souviennent de l'époque où la journée de *France Culture* était ponctuée, à deux ou trois reprises, par des extraits poétiques, ils ne peuvent aujourd'hui retrouver la poésie qu'une fois par semaine pendant la petite demi-heure de l'émission *Ça rime à quoi* de Sophie Nauleau [*France Culture*, « Ça rime à quoi », programmation actuelle le samedi de 21 heures à 21h30] (et ponctuellement dans l'émission d'Alain Veinstein, *Du jour au lendemain* [*France Culture*, « Du jour au lendemain », programmation actuelle, du lundi au vendredi de 23h50 à 0h30]). Et les revues et magazines qui en traitent n'ont pas eux-mêmes toujours une très grande visibilité, que ce soit en librairie, en kiosque ou en bibliothèque (*Europe, La Quinzaine littéraire, Le Matricule des Anges,* etc.)

Si l'on ajoute à ce constat le fait que, comme le disait récemment Michel Deguy dans une intervention au Petit Palais à Paris, « la poésie c'est le monde du petit : petits tirages, petits éditeurs, petit lectorat » [mercredi 28 octobre 2009. Intervention que l'on peut écouter en ligne. Voir site de la Maison des Écrivains et de la littérature, onglet « Rencontres »], on a vite fait de comprendre qu'il y a peu de chances que les choses puissent évoluer dans un sens favorable [Il faut toutefois signaler les belles collections de poésie de maisons d'édition de taille moyenne comme Flammarion, Champ Vallon, Verdier ou José Corti.]

C'est là que les possibilités de diffusion offertes par Internet peuvent prendre le relais. C'est sans doute une des leçons que l'on peut tirer du parcours de *Poezibao.*

POEZIBAO, QU'EST-CE QUE C'EST ?

Poezibao est un site internet dont la vocation est de suivre l'actualité éditoriale de la poésie. Il est mis à jour en permanence (de une à cinq fois par jour, samedi et dimanche compris). Il explore ce qui se passe dans le monde de la poésie éditée et tente d'en rendre compte aussi rapidement et fidèlement que possible.

Cette aventure est possible grâce à deux facteurs : le faible coût d'un site Internet, surtout dans les conditions de réalisation choisies pour *Poezibao* et une implication personnelle, régulière et tenace.

Si le site se veut professionnel, *Poezibao* n'en est pas moins une aventure personnelle, dont je dessine ici les lignes à grands traits.

BRÈVE HISTOIRE DE POEZIBAO

Au début des années 2000, je participe régulièrement à un site grand public, du nom de *Zazieweb* [Le site vient malheureusement de fermer ses portes, faute d'avoir pu trouver les subventions nécessaires à son fonctionnement ?]. Le principe : donner la possibilité à toute personne qui le souhaite de publier, en ligne, une note de lecture sur un livre, sans aucune restriction de genre (de la BD à la philo, en passant par les livres de cuisine ou la poésie). Isabelle Aveline, la responsable du site, s'intéresse par ailleurs de près au monde de l'édition indépendante et tente d'en fédérer les efforts, notamment par le biais de la création d'un annuaire. M'impliquant dans la vie du site, je me penche à mon tour sur la question des « petits éditeurs ». Or qui dit « petits éditeurs », dit aussi poésie, puisque celle-ci aujourd'hui a trouvé refuge essentiellement dans de petites, voire de toutes petites maisons d'édition. De ce fait je me mets à lire beaucoup de poésie, ce que j'avais peu fait jusque là, alors même que j'étais une très grande lectrice. Le choc de cette découverte est considérable et l'étonnement d'être passée à côté de tout ce pan de la création littéraire, tout aussi grand. Je prends alors une première initiative et propose à Isabelle Aveline de créer, sur son site zazieweb, un espace dédié spécialement à la poésie ; je m'engage à l'enrichir chaque jour d'un extrait poétique. Nous le baptisons « Almanach poétique ».

Je tiendrai cet engagement pendant mille jours d'affilée ! Et d'emblée le champ temporel exploré ira en gros d'Apollinaire aux poètes contemporains. Il faut noter aussi, dès ces débuts, la présence de la poésie en langue étrangère, allemand, anglais, italien, portugais, espagnol, etc.

Mais très vite, je suis gênée par le fait que sur ce site, la poésie est noyée dans une masse énorme de contributions quotidiennes et que par ailleurs les possibilités de mise en page sont très limitées.

Toute fin 2004, le 30 novembre, je décide de voler de mes propres ailes. Je choisis de créer un blog, car cela me paraît techniquement plus simple et accessible que la création d'un site web proprement dit. Les deux premiers auteurs que je publie sont Jean Tardieu et Paul Celan.

Le nom retenu est *Poezibao*, mot-valise formé de Poésie et de Dazibao , ces journaux en caractères géants placardés sur les murs par les Chinois. L'idée n'est-elle pas en quelque sorte de placarder de la poésie sur les murs de l'internet ? !

QUOTIDIEN, MAGAZINE, REVUE

Le site va rapidement évoluer en endossant tous les aspects de différents organes de presse : au journal quotidien, il emprunte sa réactivité, publiant au jour le jour des annonces, l'agenda de la poésie, rendant compte de divers évènements ; il s'inspire du magazine hebdomadaire et mensuel, pour proposer des articles de fond, des notes de lectures, des entretiens avec les poètes, des reportages. Il prend aussi volontiers les habits de la revue littéraire, susceptible d'accueillir des textes, articles ou traductions inédits.

Le cœur du site n'en reste pas moins l'« anthologie permanente ». C'est sous ce nom en effet qu'est continuée l'aventure de « l'almanach poétique », selon les mêmes principes : mise en ligne, chaque jour de la semaine, d'un extrait de poésie des XXe et XXIe siècles, française ou étrangère (avec pour cette dernière et chaque fois que c'est possible la version en langue originale). Avec, lorsqu'il n'est pas encore présent dans la base de données du site, la fiche bio-bibliographique du poète. Cet extrait est simultanément envoyé par le courrier électronique aux abonnés (environ 450 à ce jour). Il existe une seconde anthologie dans *Poezibao* : les « notes sur la poésie », qui s'efforce de compiler au fil du temps un corpus d'écrits théoriques, émanant des poètes mais aussi de philosophes, d'artistes, d'essayistes, etc. et constitué de réflexions sur la poésie, sur l'écriture, sur la critique littéraire.

POÉSIE ÉDITÉE

L'idée est ambitieuse puisqu'il s'agit d'essayer de couvrir le plus largement possible toute l'actualité autour de la poésie éditée.

Ce dernier mot, éditée, est important et il faut souligner que je travaille en tant que journaliste et non pas en tant qu'éditrice. Même si le site reçoit de très nombreuses propositions, si je suis sollicitée en permanence pour lire des inédits, pour donner des conseils à des auteurs débutants et non publiés (mais souvent amateurs, et trop souvent très peu au courant de la réalité de la poésie contemporaine), là ne sont pas ma visée et la tâche que je me suis assignée. Par ailleurs, il est clair qu'au fil du temps, le site a pris conscience d'un certain rôle didactique, vis-à-vis d'une part de son public et il s'attache surtout à suivre ce qui semble le plus important et significatif dans une production très abondante mais dont la qualité est pour le moins disparate.

Poezibao reçoit environ 15 livres par semaine, lesquels sont tous présentés dans une rubrique dominicale « Poezibao a reçu ». Idée là encore de rendre visible ce qui ne l'est pas, de donner une sorte de vitrine à des ouvrages qui passeront sinon totalement inaperçus.

Le site est riche de près de 5000 articles, publiés depuis l'origine, parmi lesquels plus de 500 fiches bio-bibliographiques, de très nombreuses notes de lecture. Au fil des années, une équipe de contributeurs s'est constituée, avec notamment la présence très active et compétente de Tristan Hordé. Par ailleurs un comité de lecture participe aux décisions de publication [Il est constitué de Tristan Hordé, Chantal Tanet, Ariane Dreyfus et Jean-Pascal Dubost.].

Même si aucune étude sur le lectorat n'est disponible, il semble que celui-ci se divise en deux grandes familles : le monde de la poésie (poètes, éditeurs, grands lecteurs très informés) d'une part et d'autre part un public curieux, moins ou pas informé de poésie mais désireux d'en lire, de la découvrir. *Poezibao* tente donc de répondre à ces aspirations un peu différentes, par le biais des différents espaces du site et en s'efforçant de ne pas s'inféoder à tel ou tel courant, à telle ou telle chapelle. L'idée fondamentale étant celle d'une grande exigence mais avec aussi une réelle ouverture.

QUELQUES CHIFFRES

Poezibao, c'est donc aujourd'hui 5 ans d'existence et de publication continue, près de 5000 articles disponibles, 650 visites par jour, 450 abonnés par courriel à « l'anthologie permanente. »

Les coûts d'exploitation sont minimes, un abonnement mensuel de moins de 10 € pour l'hébergement du site. Tout le travail accompli par les uns et les autres est entièrement bénévole. L'abonnement par courriel est libre et gratuit.

L'idée force est qu'un site comme *Poezibao* contribue à éclairer le champ, à donner une visibilité à un pan entier de l'édition qui n'en a pratiquement plus par ailleurs. Donner envie de lire de la poésie, donner des repères, aider à l'orientation d'un lecteur intéressé, qu'il soit connaisseur au départ ou pas du tout, voilà le but du site. Et bien entendu, ne jamais se substituer au livre mais au contraire y mener.

FLORENCE TROCMÉ

adresse du site : *http://poezibao.com*

IN MEMORIAM MICHEL VIEL (1946-2011)

À trois semaines de la mise sous presse de *Place de la Sorbonne* nous a quittés Michel Viel, professeur délégué à l'action culturelle de l'université Paris-Sorbonne. Spécialiste de linguistique et de phonologie anglaises, grand amateur de F. S. Fitzgerald, esthète curieux à l'esprit acéré, Michel Viel avait été nommé en 2001 par le président Georges Molinié à la tête d'un service culturel naissant. Petit-fils de Dimitri Snégaroff, qui avait travaillé avec Iliazd à l'imprimerie Union dans l'entourage des dadaïstes et des surréalistes, Michel Viel a d'emblée initié une politique éditoriale ambitieuse et originale en lançant notamment deux recueils, *Prose en Sorbonne* et *Poésie en Sorbonne* ainsi qu'un concours international de poésie. Michel Viel signait des préfaces dans lesquelles son humour mêlant ironie, autodérision et loufoquerie faisait mouche. Pendant dix ans, Michel Viel a favorisé l'éclosion artistique d'un grand nombre de jeunes talents et implanté avec succès une vie culturelle intense et dynamique dans notre université. Avec Laurent Fourcaut et Yann Migoubert, il est fondateur de *Place de la Sorbonne*.

Composé en Caslon de c. 11,5 et 9 pour le texte, en Aldus de c. 37 pour le titre, ce premier numéro de *Place de la Sorbonne*, a été imprimé sur les presses d'Agpograf, à Barcelone, au mois de février 2011. pour le compte des éditions du Relief. Armando Uribe Echeverría delineauit et duxit.

Dépôt légal : mars 2011.

ἔκτυπος